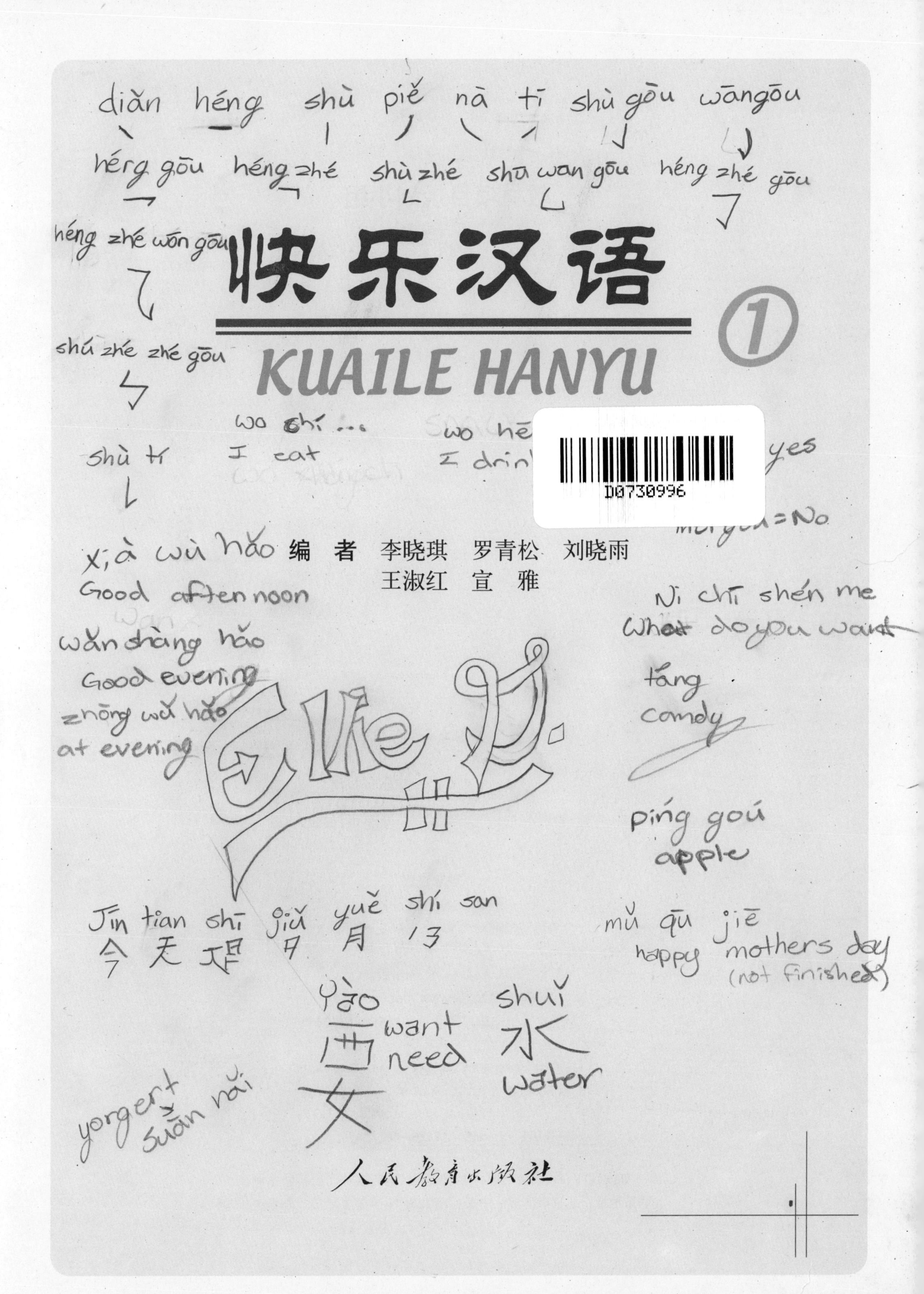

快乐汉语 ①

KUAILE HANYU

编 者 李晓琪 罗青松 刘晓雨
王淑红 宣 雅

人民教育出版社

教材项目规划小组

严美华　姜明宝　张少春
岑建君　崔邦焱　宋秋玲
赵国成　宋永波　郭　鹏

快乐汉语
第一册
李晓琪　罗青松　刘晓雨　王淑红　宣　雅　编著
*
人民教育出版社出版发行
网址：http://www.pep.com.cn
北京人卫印刷厂印装　全国新华书店经销
*
开本：890 毫米×1 240 毫米　1/16　印张：8.25
2003 年 10 月第 1 版　2007 年 10 月第 9 次印刷
印数：43 501～53 500
ISBN 978-7-107-17126-0
G・10216（课）　定价：50.00 元

前 言

语言是人类沟通信息、交流思想最直接的工具，是人们交流、交往的桥梁。随着中国的发展，近些年来世界上学习汉语的人越来越多，很多国家从小学、中学就开始了汉语教学。为了配合这一趋势，满足世界上中小学汉语教学对教材的需求，中国国家对外汉语教学领导小组办公室（以下简称中国国家汉办）立项并委托我们为母语为英语的中学生编写了系列汉语教材《快乐汉语》。

教材编写过程中，中国国家汉办与英国文化委员会（简称BC）密切合作，由BC组织在英国部分中学试用了该教材，并向有关专家征求了意见。现中国国家汉办已经授权BC在英国本土出版该教材，定名为Chinese for GCSE。

《快乐汉语》全套教材共六本，分为三个等级，每个等级有学生用书和配套的教师用书。该教材从设计、编写到制作出版，每一方面都力图做到符合11-16岁这个阶段学生的心理特点和学习需求，符合有关国家教学大纲的规定。教材重点培养学生在自然环境中学习汉语的兴趣和汉语交际能力，同时能够为以后继续学习和提高打下坚实的基础。

我们希望这套教材使每一个想学习汉语的学生都会对汉语产生浓厚的兴趣，使每一个已经开始学习汉语的学生感到，汉语并不难学，学习汉语实际上是一种轻松愉快的活动和经历，并真正让每个学生在快乐的学习中提高自己的汉语能力，掌握通往中国文化宝库的金钥匙。我们也希望广大教师都愿意使用这套教材，并与中国同行建立起密切的联系。

最后，我们祝愿所有学习汉语的学生都取得成功！

编 者

2003年7月14日

Foreword

Language is the most direct way for mankind to communicate information and exchange ideas, and it serves as a bridge between different people and cultures. Chinese language, along with the rapid development of China's economy, is becoming increasingly popular in the world. Chinese language courses are offered as early as primary school or junior middle school in many countries. To meet the needs for Chinese textbooks suitable for primary and junior middle school students, a project was founded by the National Office for Teaching Chinese as a Foreign Language (NOCFL) of China and we were entrusted with the work of compiling *KUAILE HANYU*, a series of Chinese textbooks for junior middle school students of English speaking countries.

In the process of compiling, NOCFL acted in close coordination with the British Council. The textbooks were tried out in some junior middle schools in UK under the organization of the British Council. After soliciting opinions from the experts concerned and with the permission of NOCFL, the textbooks have been published in the UK by the British Council with the title *Chinese for GCSE*.

KUAILE HANYU consists of six books with three levels, with both a student's book and teacher's book at each level. From the design, the compiling to the publishing, we have made every effort to accord with learner's psychological conditions and needs of the student from 11 to 16 years old, and with the requirements of foreign language curricula of certain countries. *KUAILE HANYU* focuses on the training of Chinese communicative competence, and also on motivating the learners. It is devoted to forming a solid foundation for the learners' further study.

It is our hope that *KUAILE HANYU* will increase every learner's interest in Chinese, that *KUAILE HANYU* will let the learners know learning Chinese is very happy and easy rather than boring and difficult, that *KUAILE HANYU* will help the learners improve their Chinese, and thus get the key to the Chinese culture. We also hope that our colleagues in other countries will like *KUAILE HANYU*, and have a stronger connection with us.

We wish great success to all Chinese learners.

Writers

July 14,2003

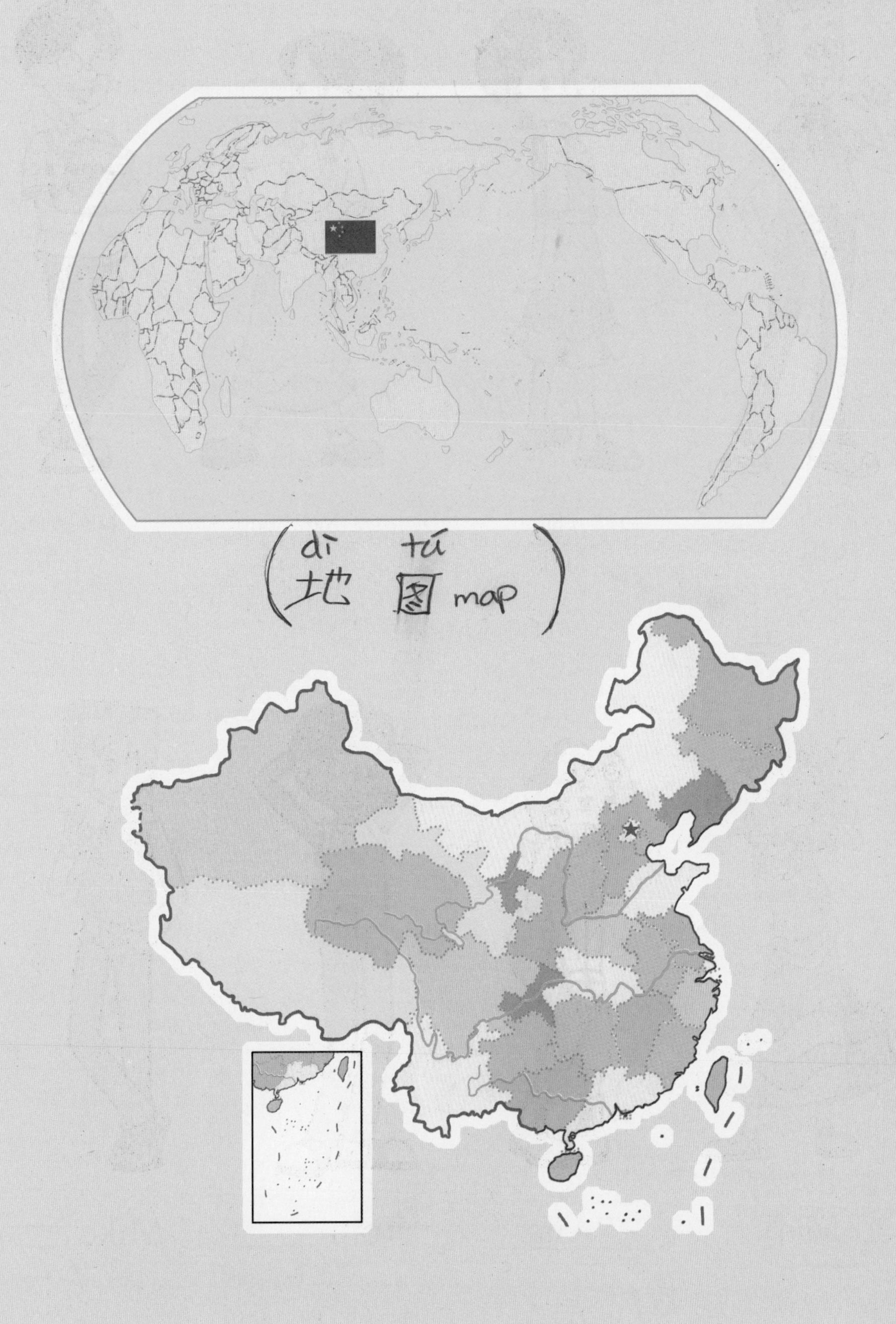
dì tú
地图 map

Xiǎohǎi 小海

(Lìli 丽丽) beautiful

Xiǎohóng 小红

(Míngming 明明) bright

Mary

Ann

Tom

Mike

日常用语

Daily Expressions

Nǐ hǎo.
你好。Hello.

Nǐ hǎo.
你好。Hello.

Zǎoshang hǎo.
早上好。Good morning.

Lǎoshī hǎo.
老师好。Hello, Miss/Sir.

Tóngxuémen hǎo.
同学们好。Hello,everyone.

Xièxie.
谢谢。Thank you.

Búkèqi.
不客气。You're welcome.

Duìbuqǐ.
对不起。I am sorry.

Méi guānxi.
没关系。It's alright.

Zàijiàn.
再见。Goodbye.

Zàijiàn.
再见。Goodbye.

Gēn wǒ dú.
跟我读。Read after me.

Zài shuō yí biàn.
再说一遍。Once again please.

Xiànzài shàngkè.
现在上课。It's time for class now.

Xiūxi yíhuìr.
休息一会儿。Time for a break.

Xiàkè ba.
下课吧。Class is over.

普通话声母韵母拼合总表

Table of Combination of Initials and Finals in *Putonghua*

韵母 / 声母	a	o	e	-i [ɿ]	-i [ʅ]	er	ai	ei	ao	ou	an	en	ang	eng	ong	i	ia	iao	ie
	a	o	e			er	ai	ei	ao	ou	an	en	ang	eng		yi	ya	yao	ye
b	ba	bo					bai	bei	bao		ban	ben	bang	beng		bi		biao	bie
p	pa	po					pai	pei	pao	pou	pan	pen	pang	peng		pi		piao	pie
m	ma	mo	me				mai	mei	mao	mou	man	men	mang	meng		mi		miao	mie
f	fa	fo						fei		fou	fan	fen	fang	feng					
d	da		de				dai	dei	dao	dou	dan	den	dang	deng	dong	di		diao	die
t	ta		te				tai		tao	tou	tan		tang	teng	tong	ti		tiao	tie
n	na		ne				nai	nei	nao	nou	nan	nen	nang	neng	nong	ni		niao	nie
l	la		le				lai	lei	lao	lou	lan		lang	leng	long	li	lia	liao	lie
z	za		ze	zi			zai	zei	zao	zou	zan	zen	zang	zeng	zong				
c	ca		ce	ci			cai		cao	cou	can	cen	cang	ceng	cong				
s	sa		se	si			sai		sao	sou	san	sen	sang	seng	song				
zh	zha		zhe		zhi		zhai	zhei	zhao	zhou	zhan	zhen	zhang	zheng	zhong				
ch	cha		che		chi		chai		chao	chou	chan	chen	chang	cheng	chong				
sh	sha		she		shi		shai	shei	shao	shou	shan	shen	shang	sheng					
r			re		ri				rao	rou	ran	ren	rang	reng	rong				
j																ji	jia	jiao	jie
q																qi	qia	qiao	qie
x																xi	xia	xiao	xie
g	ga		ge				gai	gei	gao	gou	gan	gen	gang	geng	gong				
k	ka		ke				kai	kei	kao	kou	kan	ken	kang	keng	kong				
h	ha		he				hai	hei	hao	hou	han	hen	hang	heng	hong				

(1) “知、蚩、诗、日、资、雌、思”等七个音节的韵母用i，即：知、蚩、诗、日、资、雌、思等字拼作zhi, chi, shi, ri, zi, ci, si。。

(2) 韵母ㄦ写成er，用作韵尾的时候写成r。例如：“儿童”拼作ertong,“花儿”拼作huar。

(3) 韵母ㄝ单用的时候写成ê。

(4) i行的韵母，前面没有声母的时候，写成：yi(衣)，ya(呀)，ye(耶)，yao(腰)，you(忧)，yan(烟)，yin(因)，yang(央)，ying(英)，yong(雍)。

iu	ian	in	iang	ing	iong	u	ua	uo	uai	ui	uan	un	uang	ueng	ü	üe	üan	ün
you	yan	yin	yang	ying	yong	wu	wa	wo	wai	wei	wan	wen	wang	weng	yu	yue	yuan	yun
	bian	bin		bing		bu												
	pian	pin		ping		pu												
miu	mian	min		ming		mu												
						fu												
diu	dian			ding		du		duo		dui	duan	dun						
	tian			ting		tu		tuo		tui	tuan	tun						
niu	nian	nin	niang	ning		nu		nuo			nuan				nü	nüe		
liu	lian	lin	liang	ling		lu		luo			luan	lun			lü	lüe		
						zu		zuo		zui	zuan	zun						
						cu		cuo		cui	cuan	cun						
						su		suo		sui	suan	sun						
						zhu	zhua	zhuo	zhuai	zhui	zhuan	zhun	zhuang					
						chu	chua	chuo	chuai	chui	chuan	chun	chuang					
						shu	shua	shuo	shuai	shui	shuan	shun	shuang					
						ru	rua	ruo		rui	ruan	run						
jiu	jian	jin	jiang	jing	jiong										ju	jue	juan	jun
qiu	qian	qin	qiang	qing	qiong										qu	que	quan	qun
xiu	xian	xin	xiang	xing	xiong										xu	xue	xuan	xun
						gu	gua	guo	guai	gui	guan	gun	guang					
						ku	kua	kuo	kuai	kui	kuan	kun	kuang					
						hu	hua	huo	huai	hui	huan	hun	huang					

u 行的韵母，前面没有声母的时候，写成：wu(乌)，wa(蛙)，wo(窝)，wai(歪)，wei(威)，wan(弯)，wen(温)，wang(汪)，weng(翁)。

ü 行的韵母，前面没有声母的时候，写成：yu(迂)，yue(约)，yuan(冤)，yun(晕)，ü 上两点省略；ü 行的韵母跟声母 j，q，x 拼的时候，写成：ju(居)，qu(区)，xu(虚)，ü 上两点也省略；但是跟声母 n，l 拼的时候，仍然写成：nü(女)，lü(吕)。

(5) iou，uei，uen 前面加声母的时候，写成：iu，ui，un。例如：niu(牛)，gui（归），lun（论）。

(6) 在给汉字注音的时候，为了使拼式简短，ng 可以省作 ŋ。

目 录 CONTENTS

第一单元 我和你 *Unit One You and I*

第二单元 我的家 *Unit Two My Family*

第三单元 饮 食 *Unit Three Food*

第四单元 学校生活 Unit Four School Life

第五单元 时间和天气 Unit Five Time and Weather

第六单元 工 作 Unit Six Job

第七单元　爱　好　Unit Seven Hobby

第八单元　交通和旅游　Unit Eight Transport and Travel

Unit One You and I
第一单元 我和你

Lesson 1 Hello
第一课 你好

Nǐ hǎo.
你好。
Nǐ hǎo.
你好。

Nǐ hǎo ma?
你好吗？
Wǒ hěn hǎo.
我很好。

New Words

1. 你 (nǐ) you	2. 好 (hǎo) good, fine
3. 吗 (ma) (a question particle)	4. 我 (wǒ) I, me
5. 很 (hěn) very	

Sentence Patterns

Nǐ hǎo.
1.你好。

Nǐ hǎo ma?
2.你好吗？

Wǒ hěn hǎo.
3.我很好。

1. Listen and repeat.

2. Read aloud.

Nǐ hǎo.
你好。
Nǐ hǎo ma?
你好吗？
Wǒ hěn hǎo.
我很好。

3. Make dialogues.

1) Answer the teacher.

2) Make dialogues.

4. Read and match.

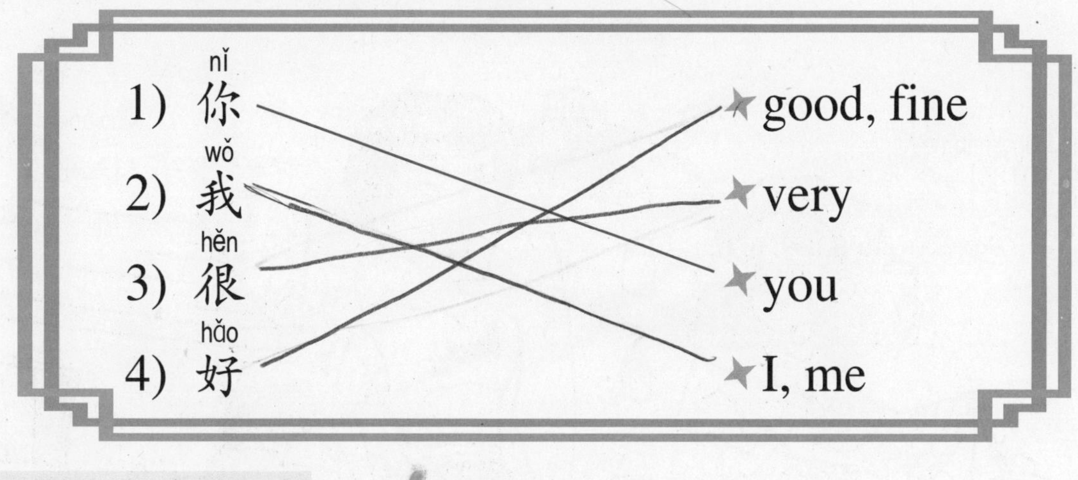

1) nǐ 你
2) wǒ 我
3) hěn 很
4) hǎo 好
good, fine
very
you
I, me

5. Translation.

1) Nǐ hǎo. 你好。 Hello

2) Nǐ hǎo ma? 你好吗？ how are you

3) Wǒ hěn hǎo. 我很好。 I'm fine

6. Write characters.

7. Pronunciation practice.

ā	á	ǎ	à
ō	ó	ǒ	ò
ē	é	ě	è

第二课 你叫什么

Nǐ jiào shénme?
你叫什么？
Wǒ jiào Lǐ Xiǎolóng.
我叫李小龙。
Bruce Li

Nǐ shì nǎ guó rén?
你是哪国人？
Wǒ shì Zhōngguórén.
我是中国人。

New Words

jiào 1. 叫 to call, to be called	shénme 2. 什么 what	shì 3. 是 to be
nǎ 4. 哪 which	guó 5. 国 nation, country	rén 6. 人 people, person
Zhōngguó 7. 中国 China	Yīngguó 8. 英国 UK	Měiguó 9. 美国 U.S.A

Sentence Patterns

Nǐ jiào shénme?
1.你叫什么？

Wǒ jiào Lǐ Xiǎolóng.
2.我叫李小龙。

Nǐ shì nǎ guó rén?
3.你是哪国人？

Wǒ shì Zhōngguórén.
4.我是中国人。

1. Number the words according to the tape.

jiào to call	Yīngguó UK	Zhōngguó China	guó nation,country	Měiguó U.S.A
2	5	8	3	9
shénme **what**	**shì** **to be**	**nǎ** **which**	**rén** **people, person**	
4	7	6	①	

2. Read aloud.

shénme
什么

jiào shénme
叫什么

Nǐ jiào shénme?
你叫什么？

Wǒ jiào Lǐ Xiǎolóng.
我叫李小龙。

Zhōngguó
中国

Yīngguó
英国

Měiguó
美国

nǎ guó
哪国

nǎ guó rén
哪国人

Nǐ shì nǎ guó rén?
你是哪国人？

Wǒ shì Zhōngguórén.
我是中国人。

Wǒ shì Yīngguórén.
我是英国人。

Wǒ shì Měiguó rén.
我是美国人。

3. Number the pictures according to the tape.

a. Lǐ Xiǎolóng　b. Xiǎohóng　c. Tom　d. Mary

4. Make dialogues.

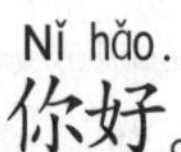
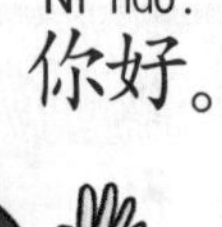

Nǐ jiào shénme?
你叫什么？
Wǒ jiào……
我叫……

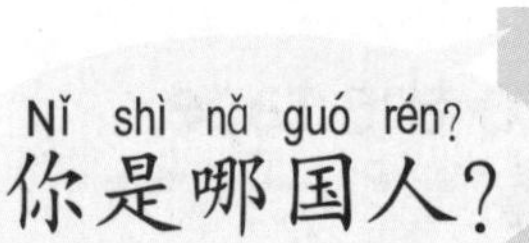

Nǐ shì nǎ guó rén?
你是哪国人？
Wǒ shì …… guó rén.
我是……国人。

5. Read and match.

1) 叫 (jiào)　　a)  

2) 什么 (shénme)　　b) which

3) 是 (shì)　　c) what

4) 哪 (nǎ)　　d)  

5) 人 (rén)　　e) 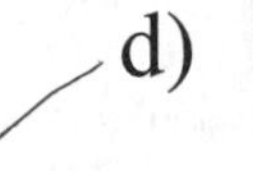

6) 中国 (Zhōngguó)　　f) to call, to be called

7) 英国 (Yīngguó)　　g) 

8) 美国 (Měiguó)　　h) to be

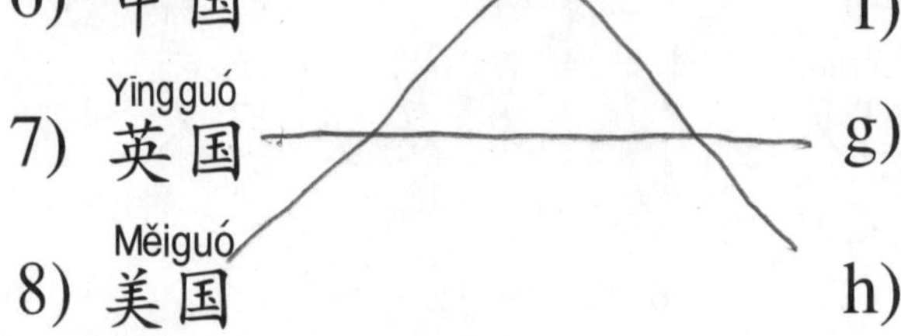

6. Translation.

1) 你叫什么？(Nǐ jiào shénme?)

2) 我叫李小龙。(Wǒ jiào Lǐ Xiǎolóng.)

3) 你是哪国人？(Nǐ shì nǎ guó rén?)

4) 我是英国人。(Wǒ shì Yīngguórén.)

7. Write characters.

中

国

人

8. Pronunciation practice.

ī	í	ǐ	ì
ū	ú	ǔ	ù
ǖ	ǘ	ǚ	ǜ

第三课 你家在哪儿

New Words

1. jiā 家 **home**
2. zài 在 **in, at, on**
3. nǎr 哪儿 **where**
4. Běijing 北京 **Beijing**
5. Shànghǎi 上海 **Shanghai**
6. Xiānggǎng 香港 **Hong Kong**
7. tā 他 **he, him**

Sentence Patterns

Nǐ jiā zài nǎr?
1.你家在哪儿？

Wǒ jiā zài Běijīng.
2.我家在北京。

1. Number the cities according to the tape.

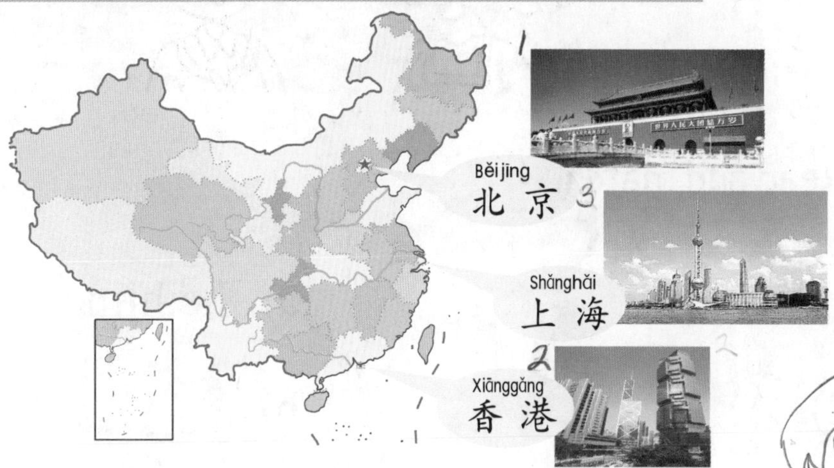

2. Read aloud.

jiā
家

wǒ jiā
我家

nǐ jiā
你家

tā jiā
他家

nǎr
哪儿

zài nǎr
在哪儿

Běijīng
北京

Shànghǎi
上海

Xiānggǎng
香港

Nǐ jiā zài nǎr?
你家在哪儿？

Wǒ jiā zài Běijīng.
我家在北京。

Tā jiā zài nǎr?
他家在哪儿？

Tā jiā zài Shànghǎi.
他家在上海。

3. Match the names and the cities according to the tape.

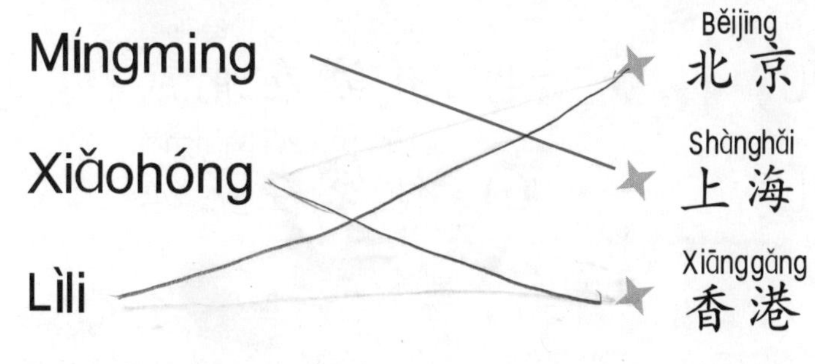

4. Make dialogues.

5. Read and match.

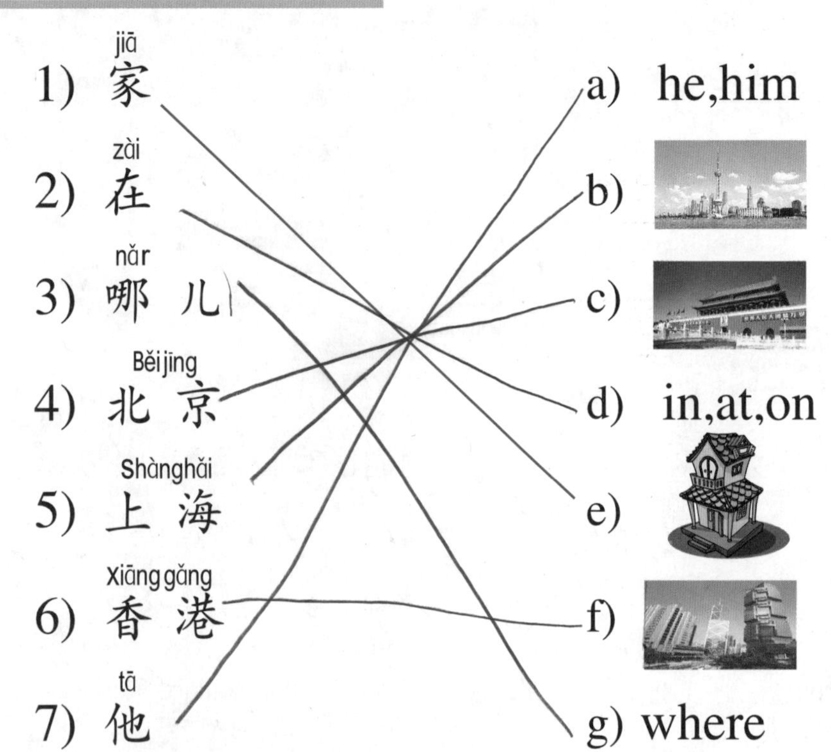

6. Translation.

Nǐ shì nǎ guó rén? 1) 你是哪国人？	Wǒ shì Zhōngguórén. 2) 我是中国人。
Nǐ jiā zài nǎr? 3) 你家在哪儿？	Wǒ jiā zài Běijing. 4) 我家在北京。
Tā jiā zài nǎr? 5) 他家在哪儿？	Tā jiā zài Shànghǎi. 6) 他家在上海。

1) which country are you from?
2) I am Chinese
3) Where is your home?
4) my home is in China
5) Where is his home?
6) his homes at shanghai

7. Write characters.

我

在

北

京

8. Pronunciation practice.

b:	bā	bá	bǎ	bà	bū	bú	bǔ	bù
p:	pā	pá	pǎ	pà	pū	pú	pǔ	pù
m:	mā	má	mǎ	mà	mū	mú	mǔ	mù
f:	fā	fá	fǎ	fà	fū	fú	fǔ	fù

单元小结

1.你好。	
2.你好吗？	
3.我很好。	
4.某人＋叫＋什么？	例句：你叫什么？ 他叫什么？
5.某人＋叫＋名字	例句：我叫 Mary。 他叫李小龙。
6.某人＋是＋哪国人？	例句：你是哪国人？ 他是哪国人？
7.某人＋是＋国家＋人	例句：我是中国人。 他是英国人。
8.某人＋家＋在＋哪儿？	例句：你家在哪儿？ 他家在哪儿？
9.某人＋家＋在＋某地	例句：我家在英国。 你家在北京。
10.课堂用语	老师好。 Lǎoshī hǎo. 你们好。 Nǐmen hǎo. 我们上课。Wǒmen shàngkè. 请你说。 Qǐng nǐ shuō. 下课。 Xiàkè.

第四课 爸爸、妈妈

Zhè shì wǒ bàba,
这是我爸爸，
Nà shì wǒ māma.
那是我妈妈。

New Words

1. zhè 这 **this**
2. nà 那 **that**
3. bàba 爸爸 **father**
4. māma 妈妈 **mother**
5. gēge 哥哥 **elder brother**
6. jiějie 姐姐 **elder sister**

dì dì
little
bro

Sentence Patterns

Zhè shì wǒ bàba.
1.这是我爸爸。

Nà shì wǒ māma.
2.那是我妈妈。

Zhè shì wǒ.
3.这是我。

Nà bú shì wǒ bàba.
4.那不是我爸爸。

Zhè shì nǐ gēge ma?
5.这是你哥哥吗？

Tā shì Yīngguórén ma?
6.他是英国人吗？

1. Listen and choose.

1

5

4

3

2

2. Listen and number the pictures.

①

2

3

5

4

3. Read aloud.

zhè 这	zhè 这
zhè shì 这是	zhè bú shì 这不是
zhè shì wǒ bàba 这是我爸爸	zhè bú shì wǒ bàba 这不是我爸爸
nà 那	nà 那
nà shì 那是	nà bú shì 那不是
nà shì wǒ māma 那是我妈妈	nà bú shì wǒ māma 那不是我妈妈

4. Fill in the blanks and read aloud.

①爸爸 bàba　②妈妈 māma　③哥哥 gēge　④姐姐 jiějie　⑤我 wǒ

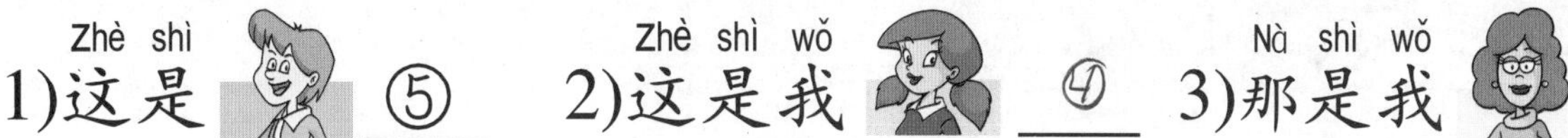

Zhè shì
1)这是  ⑤

Zhè shì wǒ
2)这是我 ④

Nà shì wǒ
3)那是我  ②

Zhè shì wǒ
4)这是我  ①

Nà shì wǒ
5)那是我  ③

5. Read and match.

1) This is me.
2) That is not my mother.
3) This is not my elder sister.
4) That is my elder brother.

a) Nà shì wǒ gēge.
那是我哥哥。

b) Zhè bú shì wǒ jiějie.
这不是我姐姐。

c) Zhè shì wǒ.
这是我。

d) Nà bú shì wǒ māma.
那不是我妈妈。

6. Complete the dialogues.

1) A: Zhè shì nǐ gēge ma?
这是你哥哥吗？

B: Zhè shì wǒ gēge.
这是我哥哥。

2) A: Nà shì nǐ bàba ma?
那是你爸爸吗？

B: Nà bú shì wǒ bàba,
那不是我爸爸，他是 Lǐ xiǎo lóng

3) A: Zhè shì nǐ māma ma?
这是你妈妈吗？

B: 这是我妈妈。

4) A: Tā shì
他是 Yīngguórén ma？

B: Tā bú shì Yīngguórén,
他不是英国人，Tā shì zhōng guó ren

7. Make dialogues according to the pictures below.

8. Write characters.

这	丶	亠	亠	文	文	这	这
那	𠃌	彐	彐	月	那	那	
爸	ノ	八	父	父	谷	谷	爸	爸
妈	𡿨	女	女	妇	妈	妈	

9. Pronunciation practice.

d:	dā	dá	dǎ	dà	dī	dí	dǐ	dì
t:	tā	tá	tǎ	tà	tī	tí	tǐ	tì
n:	nā	ná	nǎ	nà	nī	ní	nǐ	nì
l:	lā	lá	lǎ	là	lī	lí	lǐ	lì

第五课 我有一只小猫

Wǒ yǒu yì zhī xiǎo māo.
我有一只小猫。
Wǒ yǒu liǎng zhī xiǎo gǒu.
我有两只小狗。

New Words

1. 有 (yǒu) to have	2. 猫 (māo) cat	3. 狗 (gǒu) dog
4. 只 (zhī) (a measure word)	5. 小 (xiǎo) small	6. 一 (yī) one
7. 二 (èr) two	8. 两 (liǎng) two	9. 三 (sān) three
10. 四 (sì) four	11. 五 (wǔ) five	12. 六 (liù) six

Sentence Patterns

Wǒ yǒu yì zhī xiǎo māo. 1.我有一只小猫。	Tā yǒu liǎng zhī xiǎo gǒu. 2.他有两只小狗。
Gēge yǒu yì zhī māo、liǎng zhī gǒu. 3.哥哥有一只猫、两只狗。	Bàba、māma yǒu māo ma? 4.爸爸、妈妈有猫吗？

1. Listen and fill the pinyin in the blanks.

A.		B.	
(1)	______	(1)	______
(2)	______	(2)	______
(3)	______	(3)	______
(4)	______	(4)	______
(5)	______	(5)	______

2. Read and match.

1. 2. 3. 4. 5.

a)	b)	c)	d)	e)
māo 猫	èr 二	yī 一	gǒu 狗	sān 三

3. Read aloud.

māo 猫	gǒu 狗
xiǎo māo 小猫	xiǎo gǒu 小狗
yì zhī xiǎo māo 一只小猫	liǎng zhī xiǎo gǒu 两只小狗
yǒu yì zhī xiǎo māo 有一只小猫	yǒu liǎng zhī xiǎo gǒu 有两只小狗
wǒ yǒu yì zhī xiǎo māo 我有一只小猫	tā yǒu liǎng zhī xiǎo gǒu 他有两只小狗

4. Listen and fill in the blanks.

1) Wǒ yǒu yì zhī xiǎo
我有一只小 ① 。

2) Tā yǒu zhī xiǎo māo
他有 ③ 只小猫。

3) Bàba yǒu yì zhī xiǎo
爸爸有一只小 ① 。

4) Jiějie yǒu zhī māo
姐姐有 ④ 只猫。

5) Dìdi yǒu yì zhī xiǎo
弟弟有一只小 ① 。

6) Mèimei yǒu zhī māo
妹妹有 ⑤ 只猫。

① ②

5. True or false.

1) Lǐ Xiǎolóng yǒu sān zhī gǒu.
李小龙有三只狗。(√)

2) Wǒ yǒu yì zhī xiǎo māo.
我有一只小猫。(√)

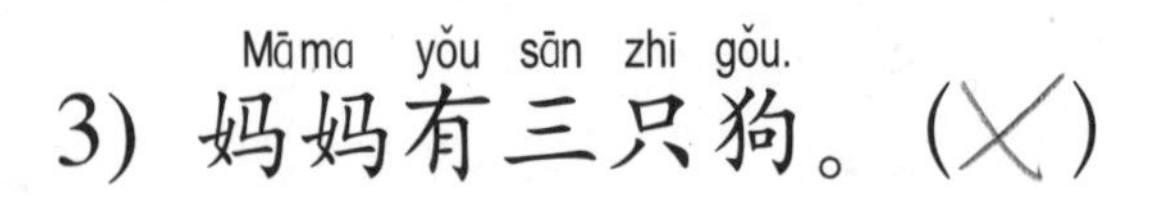

3) Māma yǒu sān zhī gǒu.
妈妈有三只狗。(×)

4) Tā yǒu liǎng zhī māo.
他有两只猫。(√)

5) Gēge、jiějie yǒu liù zhī gǒu.
哥哥、姐姐有六只狗。(×)

6) Gēge yǒu yì zhī māo, liǎng zhī gǒu.
哥哥有一只猫，两只狗。(√)

6. Answer the questions.

1) A: Xiǎohóng yǒu māo ma?
小红有猫吗？

B: Xiǎohóng yǒu yì zhī māo.
小红有一只猫。

2) A: Ann yǒu gǒu ma?
Ann有狗吗？

B: Ann ěr yǒu zhi lǒng gǒu。

3) A: Lǐ Xiǎolóng yǒu gǒu ma?
李小龙有狗吗？

B: ________。

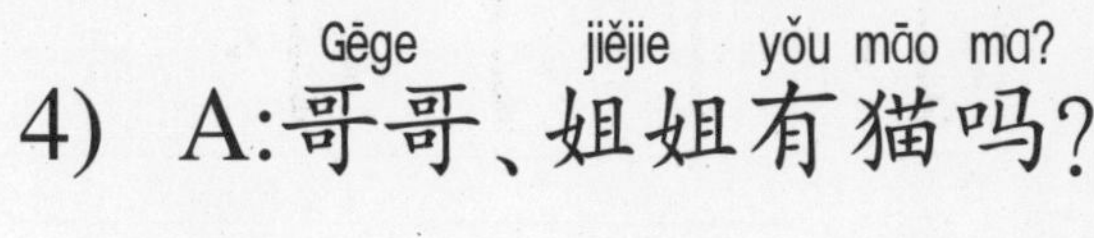

4) A: Gēge jiějie yǒu māo ma?
哥哥、姐姐有猫吗？

B: ________。

5) A: Bàba māma yǒu māo ma? yǒu gǒu ma?
爸爸、妈妈有猫吗？有狗吗？

B: ________。

7. Make dialogues according to the pictures below.

①

Zhè shì wǒ.
这是我。
Wǒ yǒu……
我有……

②

Nà shì……
那是……
yǒu……
Ann 有……

③

Zhè shì tā bàba, tā bàba yǒu……
这是他爸爸，他爸爸有……
Zhè shì……, tā yǒu……
这是……，他有……

8. Write characters.

只	小	一	六

9. Pronunciation practice.

g: gē gé gě gè　　gū gú gǔ gù

k: kē ké kě kè　　kū kú kǔ kù

h: hē hé hě hè　　hū hú hǔ hù

第六课 我家不大

New Words

1. 房子 (fángzi) house	2. 大 (dà) big, large	3. 个 (gè) (a measure word)
4. 房间 (fángjiān) room	5. 厨房 (chúfáng) kitchen	6. 七 (qī) seven
7. 八 (bā) eight	8. 九 (jiǔ) nine	9. 十 (shí) ten

Sentence Patterns

Tā jiā hěn dà.
1.他家很大。

Wǒ jiā bú dà.
2.我家不大。

Nǐ jiā dà ma?
3.你家大吗?

Chúfáng bù hěn dà.
4.厨房不很大。

Tā jiā yǒu shí ge fángjiān.
5.他家有十个房间。

1. Listen to the tape and number the words.

fángzi 1)房子 ①	gè 2)个 ____	dà 3)大 ____
jiā 4)家 ____	chúfáng 5)厨房 ____	fángjiān 6)房间 ____
jiǔ 7)九 ____		

2. Read and match.

1. large 2. house 3. kitchen 4. small 5. room 6. ten

a)	b)	c)	d)	e)	f)
fángzi 房子	fángjiān 房间	xiǎo 小	dà 大	chúfáng 厨房	shí 十

3. Read aloud.

jiā 家	fáng 房
wǒ jiā 我家	fángjiān 房间
wǒ jiā dà 我家大	wǔ ge fángjiān 五个房间
wǒ jiā hěn dà 我家很大	yǒu wǔ ge fángjiān 有五个房间
wǒ jiā bú dà 我家不大	tā jiā yǒu wǔ ge fángjiān 他家有五个房间

4. Fill in the blanks.

xiǎo fángjiān
① 小房间

dà fángzi
② 大房子

dà gǒu
③ 大狗

xiǎo fángzi
④ 小房子

xiǎo gǒu
⑤ 小狗

dà fángjiān
⑥ 大房间

1) 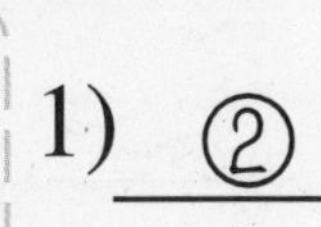 

2) 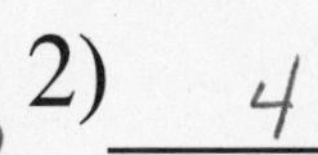 

3) 

4) 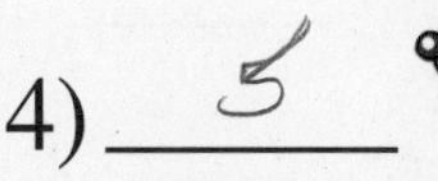 

5)  

6)  

5. Complete the dialogues according to the pictures below.

1) A: Ann 家大吗？(jiā dà ma?)
B: Ann 家很大。(jiā hěn dà.)

2) A: 丽丽家大吗？(Lìli jiā dà ma?)
B: ~~丽丽家~~小吗。

3) A: ________?
B: ________。

6. Translation.

Lǐ Xiǎolóng jiā yǒu shí ge fángjiān.
1) 李小龙家有十个房间。

jiā yǒu qī ge fángjiān.
2) Ann 家有七个房间。

Lǐ Xiǎolóng jiā hěn dà.
3) 李小龙家很大。

Wǒ shì Zhōngguórén, wǒ jiā zài Běijīng, wǒ jiā bú dà.
4) 我是中国人，我家在北京，我家不大。

7. Complete the sentences according to the picture.

Zhè shì wǒ jiā.
这是我家。

Wǒ jiā bù
我家不______。

Wǒ jiā yǒu ______ ge
我家有______个________。

Wǒ jiā chúfáng
我家厨房______。

8. Write characters.

子	㇇	了	子									
大	一	ナ	大									
个	ノ	人	个									
有	一	ナ	𠂇	有	有	有						

9. Pronunciation practice.

j: jī jí jǐ jì   jū jú jǔ jù

q: qī qí qǐ qì   qū qú qǔ qù

x: xī xí xǐ xì   xū xú xǔ xù

单元小结

1.这＋（不）是＋某人	例句：这是我。 这是我爸爸。 这不是我哥哥。
2.那＋（不）是＋某人	例句：那是我妈妈。 那不是我姐姐。
3.这/那＋是＋某人＋吗?	例句：这是你哥哥吗? 那是李小龙吗?
4.某人＋是＋某地人＋吗?	例句：你是中国人吗? 他是北京人吗?
5.某人＋有＋某物＋吗?	例句：你有小猫吗? 哥哥有狗吗?
6.某人＋有＋数词＋量词＋某物	例句：我有一只猫。 他有两只小狗。
7.某处＋大＋吗?	例句：你家大吗? 丽丽家大吗?
8.某处＋很/不＋大	例句：李小龙家很大。 我家不大。
9.某人＋家＋有＋数词＋个＋房间	例句：他家有五个房间。 李小龙家有七个房间。
10.数字表达（1～10）	一、二、三、四、五、 六、七、八、九、十。

第七课 喝牛奶，不喝咖啡

Nǐ hē shénme?
你喝什么？
Wǒ hē niúnǎi.
我喝牛奶。
Wǒ hē kāfēi.
我喝咖啡。

New Words

1. 面包 (miànbāo) bread
2. 鸡蛋 (jīdàn) eggs
3. 牛奶 (niúnǎi) milk
4. 咖啡 (kāfēi) coffee
5. 吃 (chī) to eat
6. 喝 (hē) to drink
7. 早上 (zǎoshang) morning

Sentence Patterns

Zǎoshang hǎo! 1.早上好!	Nǐ hē shénme? 2.你喝什么?
Wǒ hē niúnǎi. 3.我喝牛奶。	Wǒ bù hē kāfēi. 4.我不喝咖啡。

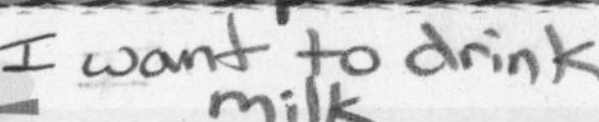

1. Number the words according to the tape.

       ①

2. Read aloud.

miànbāo 面包　jīdàn 鸡蛋　niúnǎi 牛奶　kāfēi 咖啡

chī 吃　chī shénme 吃什么　chī miànbāo 吃面包　hē 喝　bù hē 不喝　bù hē kāfēi 不喝咖啡

Nǐ chī shénme? 你吃什么？　Wǒ chī jīdàn. 我吃鸡蛋。

Nǐ hē shénme? 你喝什么？　Wǒ hē niúnǎi, wǒ bù hē kāfēi. 我喝牛奶，我不喝咖啡。

3. Listen and choose.

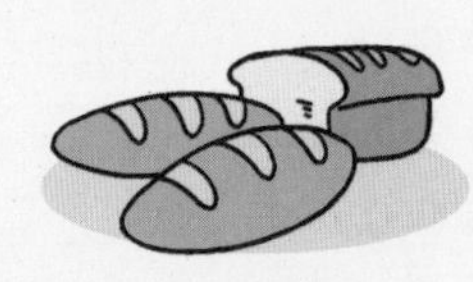

4. Complete the dialogues according to the pictures below.

Nǐ chī
你吃 ________ ?

Wǒ chī
我吃 ________ ,
Wǒ bù chī
我不吃 ______ 。

Lìli
丽丽, ________ ?

Wǒ hē
我喝 ______ ,
________ 。

5. Read and match.

chī 1) 吃	a) morning
kāfēi 2) 咖啡	b) milk
zǎoshang 3) 早上	c) coffee
niúnǎi 4) 牛奶	d) eggs
zǎoshang hǎo 5) 早上好	e) to drink
jīdàn 6) 鸡蛋	f) to eat
hē 7) 喝	g) good morning

6. Translation.

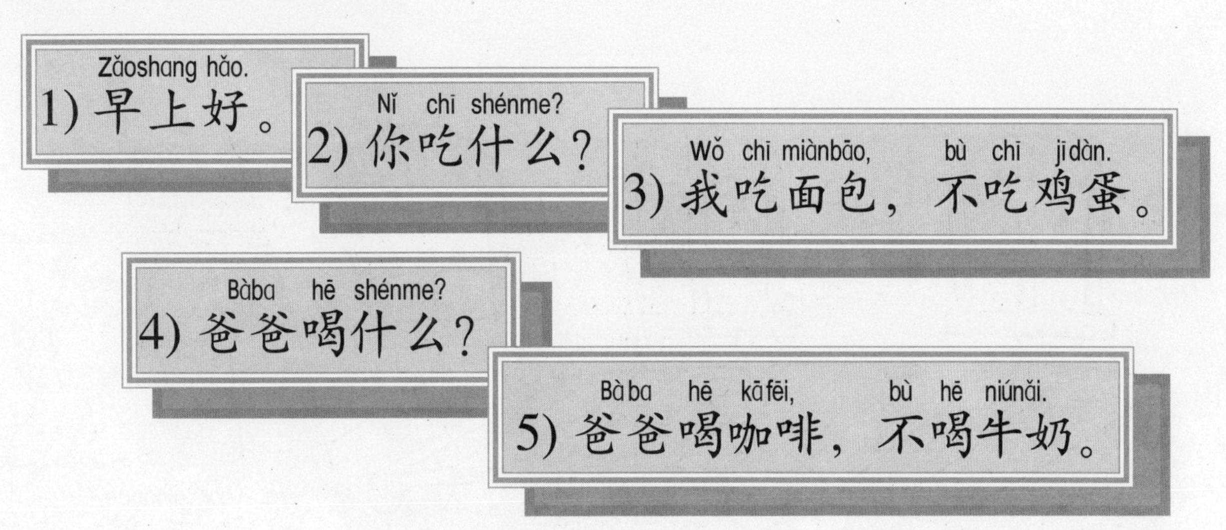

Zǎoshang hǎo.
1) 早上好。

Nǐ chī shénme?
2) 你吃什么？

Wǒ chī miànbāo, bù chī jīdàn.
3) 我吃面包，不吃鸡蛋。

Bàba hē shénme?
4) 爸爸喝什么？

Bàba hē kāfēi, bù hē niúnǎi.
5) 爸爸喝咖啡，不喝牛奶。

7. Write characters.

早	丨	⺊	日	日	旦	早				
上	丨	⺊	上							
吃	丨	口	口	口'	吂	吃				
牛	ノ	⺧	午	牛						

8. Pronunciation practice.

zh: zhī zhí zhǐ zhì　　zhū zhú zhǔ zhù

ch: chī chí chǐ chì　　chā chá chǎ chà

sh: shī shí shǐ shì　　shē shé shě shè

r: rē ré rě rè　　rū rú rǔ rù

第八课 我要苹果，你呢

New Words

shuǐguǒ 1. 水果 fruit	píngguǒ 2. 苹果 apple	guǒzhī 3. 果汁 juice
qìshuǐ 4. 汽水 soft drinks	chá 5. 茶 tea	yào 6. 要 to want, to need

ne
7. 呢 (a modal particle, meaning "what about")

Sentence Patterns

Nǐ yào shénme? 1.你要什么？	Nǐ yào shuǐguǒ ma? 2.你要水果吗？
Wǒ yào píngguǒ, nǐ ne? 3.我要苹果，你呢？	Wǒ bú yào píngguǒ. 4.我不要苹果。

1. Number the words according to the tape.

______ ①______ ______ ______ ______

2. Read aloud.

shuǐguǒ 水果　píngguǒ 苹果　guǒzhī 果汁　qìshuǐ 汽水　chá 茶

chī shuǐguǒ 吃水果　hē guǒzhī 喝果汁

Nǐ yào shénme? 你要什么？　Wǒ yào píngguǒ. 我要苹果。Nǐ yào píngguǒ ma? 你要苹果吗？

Wǒ yào qìshuǐ, nǐ ne? 我要汽水，你呢？　Wǒ bú yào qìshuǐ, wǒ yào chá. 我不要汽水，我要茶。

3. Listen and choose.

yào shénme?
1) Tom 要什么？

2) Ann 要什么？ Mike 要什么？
yào shénme? yào shénme?

4. Complete the dialogues according to the pictures below.

Nǐ yào shénme?
你要什么？

Wǒ yào
我要＿＿＿＿。

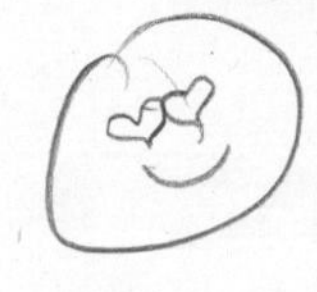

Wǒ
我＿＿＿＿。

Nǐ yào shuǐguǒ ma?
你要水果吗？

Nǐ hē chá ma?
你喝茶吗？

Wǒ bù hē
我不喝＿＿＿，
wǒ
我＿＿＿＿。

Nǐ hē shénme?
你喝什么？

Wǒ nǐ ne?
我 qìshuǐ，你呢？

5. Fill in the blanks with the English given.

fruit
apple
What does he want?
I would like some juice.
And you?
Do you want some tea?
juice
soft drinks

shuǐguǒ 水果 fruit   guǒzhī 果汁 juice

píngguǒ 苹果 apple   qìshuǐ 汽水 soft drink

Tā yào shénme?
他要什么？ What does he want

Nǐ yào chá ma?
你要茶吗？ Would y

Wǒ yào guǒzhī, nǐ ne?
我要果汁，你呢？ I would like juice

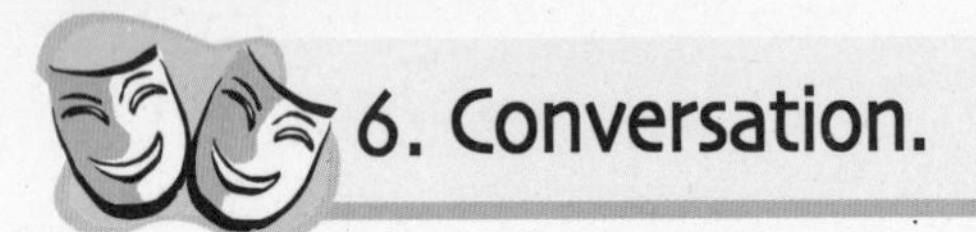

6. Conversation.

Nǐ yào shénme?
你要什么？

Nǐ yào …… ma?
你要……吗？

Wǒ yào …… nǐ ne?
我要……，你呢？

7. Write characters.

8. Pronunciation practice.

z: zī zí zǐ zì zā zá zǎ zà

c: cī cí cǐ cì cū cú cǔ cù

s: sī sí sǐ sì sā sá sǎ sà

第九课 我喜欢海鲜

Wǒ xǐhuan hǎixiān.
我喜欢海鲜。
Wǒ yě xǐhuan hǎixiān.
我也喜欢海鲜。

New Words

1. 喜欢 (xǐhuan) **to like**	2. 海鲜 (hǎixiān) **seafood**
3. 也 (yě) **also, too**	4. 菜 (cài) **vegetable**
5. 牛肉 (niúròu) **beef**	6. 鱼 (yú) **fish**
7. 米饭 (mǐfàn) **cooked rice**	8. 面条 (miàntiáo) **noodles**

Sentence Patterns

Wǒ xǐhuan hǎixiān, yě xǐhuan cài.
1.我喜欢海鲜，也喜欢菜。

Wǒ xǐhuan niúròu, tā yě xǐhuan niúròu.
2.我喜欢牛肉，他也喜欢牛肉。

Wǒ bù xǐhuan miàntiáo, jiějie yě bù xǐhuan miàntiáo.
3.我不喜欢面条，姐姐也不喜欢面条。

1. Mark the pictures according to the tape.

____	1	____	2	____

3	____	4	5	6

2. Read aloud.

niúròu 牛肉　hǎixiān 海鲜　yú 鱼　cài 菜　mǐfàn 米饭　miàntiáo 面条　miànbāo 面包

tā xǐhuan hǎixiān, yě xǐhuan cài.
他喜欢海鲜，也喜欢菜。

Wǒ xǐhuan niúròu, tā yě xǐhuan niúròu.
我喜欢牛肉，他也喜欢牛肉。

Gēge bù xǐhuan miàntiáo, mèimei yě bù xǐhuan miàntiáo.
哥哥不喜欢面条，妹妹也不喜欢面条。

3. Listen and choose.

Xiǎohǎi xǐhuan shénme?
1) 小海喜欢什么？

xǐhuan shénme?
2) Ann喜欢什么？

xǐhuan shénme?
Mike 喜欢什么？

4. Make sentences.

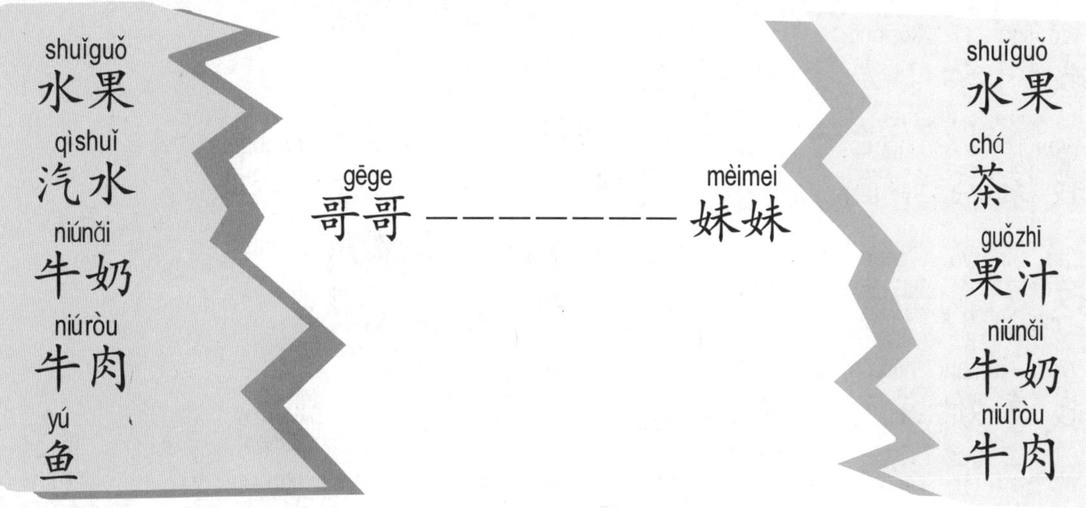

Gēge xǐhuan shuǐguǒ, mèimei yě xǐhuan shuǐguǒ.
例：哥哥喜欢水果，妹妹也喜欢水果。

Gēge xǐhuan niúnǎi, mèimei ne?
哥哥喜欢牛奶，妹妹呢？

5. Read and match.

1) xǐhuan hǎixiān 喜欢海鲜	do not like beef
2) bù xǐhuan niúròu 不喜欢牛肉	I drink coffee. What about you?
3) Tā xǐhuan cài, yě xǐhuan niúròu. 他喜欢菜，也喜欢牛肉。	like seafood
4) Wǒ hē kāfēi, nǐ ne? 我喝咖啡，你呢？	I eat noodles. He eats noodles too.
5) Wǒ chī miàntiáo, tā yě chī miàntiáo. 我吃面条，他也吃面条。	He likes vegetables. He likes beef too.

6. Translation.

1) Wǒ jiào Lǐ Xiǎolóng, wǒ shì Zhōngguórén.
我叫李小龙，我是中国人。

2) Wǒ jiā zài Yīngguó. Wǒ xǐhuan Zhōngguó, yě xǐhuan Yīngguó.
我家在英国。我喜欢中国，也喜欢英国。

3) Zhè shì wǒ gēge, tā yě shì Zhōngguórén.
这是我哥哥，他也是中国人。

4) Wǒ xǐhuan hǎixiān, gēge yě xǐhuan hǎixiān.
我喜欢海鲜，哥哥也喜欢海鲜。

5) Wǒ yǒu yì zhī xiǎo māo, xiǎo māo xǐhuan niúnǎi, yě xǐhuan yú.
我有一只小猫，小猫喜欢牛奶，也喜欢鱼。

7. Write characters.

也

米

肉

鱼

8. Pronunciation practice.

y: yī yí yǐ yì yā yá yǎ yà yū yú yǔ yù

w: wū wú wǔ wù wā wá wǎ wà wō wó wǒ wò

单元小结

1. 某人＋动词＋什么？	例句：你喝什么？ 他吃什么？
2. 某人＋动词＋名词＋吗？	例句：你吃面条吗？ 他喝汽水吗？
3. 某人＋（不）动词＋名词	例句：我喝牛奶。 他不吃面包。
4. 某人＋要/喜欢＋什么？	例句：你要什么？ 爸爸要什么？ 他喜欢什么？
5. 某人＋要/喜欢＋名词＋吗？	例句：你要水果吗？ 他喜欢海鲜吗？
6. 某人＋（不）要/喜欢＋名词	例句：我要苹果。 妈妈不要咖啡。 他喜欢牛肉。 哥哥不喜欢水果。
7. 某人$_1$＋动词＋名词，某人$_2$＋呢？	例句：我要苹果，你呢？ 妈妈喜欢茶，爸爸呢？ 他喝果汁，你呢？
8. 某人＋动词＋名词$_1$，也＋动词＋名词$_2$	例句：我喜欢海鲜，也喜欢菜。 他要牛奶，也要茶。 爸爸吃面条，也吃米饭。
9. 某人$_1$＋动词＋名词，某人$_2$＋也＋动词＋名词	例句：我要苹果，他也要苹果。 我喜欢中国，哥哥也喜欢中国。 妈妈不喜欢海鲜，爸爸也不喜欢海鲜。

Unit Four School Life
第四单元 学校生活

第十课 中文课

	星期一	星期二	星期三	星期四	星期五
1	体育	Technology	英文	Science	Arts
2	体育	Technology	英文	Science	中文
3	中文	Technology	Maths	法文	Maths
4	IT	Technology	Maths	法文	法文
Lunch					
5	Arts	History	IT	英文	体育
6	Arts	法文	Tutor	中文	Geography

Xīngqīyī nǐ yǒu
星期一你有
Zhōngwénkè ma?
中文课吗？

Xīngqīyī wǒ yǒu
星期一我有
Zhōngwénkè.
中文课。
Xīngqīyī wǒ méi yǒu
星期一我没有
Fǎwénkè.
法文课。

New Words

1. 星期 (xīngqī) week
2. 中文 (Zhōngwén) Chinese
3. 英文 (Yīngwén) English
4. 法文 (Fǎwén) French
5. 体育 (tǐyù) P.E.
6. 课 (kè) class, lesson
7. 没有 (méi yǒu) not have

Sentence Patterns

1. Xīngqīyī wǒ yǒu Zhōngwénkè.
星期一我有中文课。
2. Xīngqīyī wǒ méi yǒu Fǎwénkè.
星期一我没有法文课。
3. Xīngqīsì nǐ yǒu tǐyùkè ma?
星期四你有体育课吗?
4. Xīngqīliù wǒ méi yǒu kè.
星期六我没有课。

1. Number the words according to the tape.

class	P.E.	week	Chinese class
not have	French	English	Chinese
			1

2. Read aloud.

Xīngqīyī 星期一 Mon.
Xīngqī'èr 星期二 Tues.
Xīngqīsān 星期三 Wed.
Xīngqīsì 星期四 Thur.
Xīngqīwǔ 星期五 Fri.
Xīngqīliù 星期六 Sat.

Zhōngwénkè 中文课

Fǎwénkè 法文课

Yīngwénkè 英文课

tǐyùkè 体育课

Xīngqīyī wǒ yǒu Zhōngwénkè.
星期一我有中文课。

Xīngqī'èr wǒ méi yǒu Fǎwénkè.
星期二我没有法文课。

Xīngqīsān wǒ yǒu tǐyùkè.
星期三我有体育课。

3. Listen and match the pictures with the words.

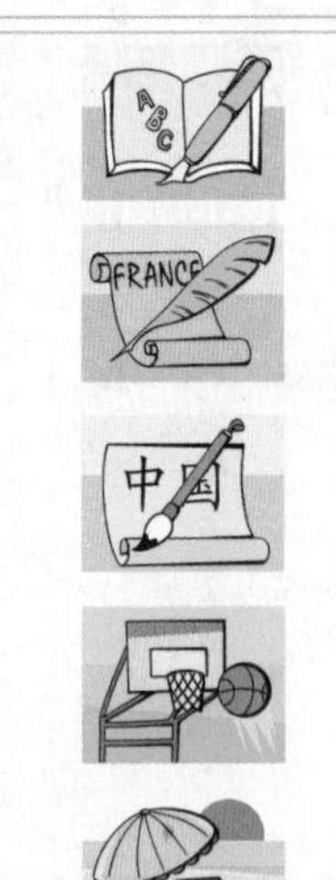

Monday

Friday

Thursday

Wednesday

Saturday

Tuesday

4. Complete the dialogues according to the pictures below.

Xīngqīyī wǒ yǒu tǐyùkè.
星期一我有体育课。
Xīngqīyī nǐ yǒu tǐyùkè ma?
星期一你有体育课吗？

Xīngqīyī wǒ méi yǒu tǐyùkè.
星期一我没有体育课。
Xīngqīyī wǒ yǒu Fǎwénkè.
星期一我有法文课。

✓

✕

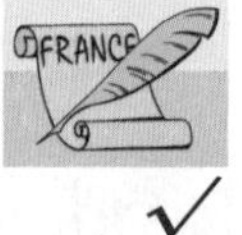

✓

Xīngqī'èr wǒ yǒu Yīngwénkè.
星期二我有英文课。
Xīngqī'èr nǐ yǒu Yīngwénkè ma?
星期二你有英文课吗？

Xīngqī'èr wǒ méi yǒu……
星期二我没有……
Xīngqī'èr wǒ yǒu……
星期二我有……

✓

✕ ✓

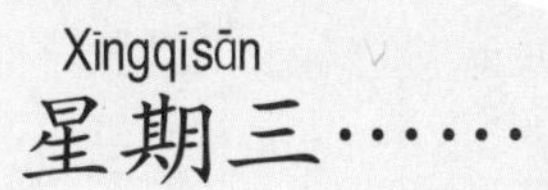

Xīngqīsān
星期三……

✓

✓

Xīngqīsì
星期四……

Xīngqīsì
星期四……

中国 ✓

✓

5. Read and match.

1. Zhōngwén 中文
2. xīngqīsān 星期三
3. Fǎwén 法文
4. tǐyù 体育
5. xīngqīsì 星期四
6. xīngqīliù 星期六
7. Yīngwén 英文
8. méi yǒu 没有
9. xīngqī 星期

a) Saturday
b) Thursday
c) week
d) not have
e) English
f) French
g) Chinese
h) Wednesday
i) P.E.

6. Translation.

Xīngqīyī wǒ yǒu Zhōngwénkè, méi yǒu Fǎwénkè.
星期一我有中文课，没有法文课。

Xīngqīsì nǐ yǒu Zhōngwénkè ma?
星期四你有中文课吗？

Xīngqīsì wǒ yǒu Yīngwénkè, méi yǒu Zhōngwénkè.
星期四我有英文课，没有中文课。

Xīngqīwǔ nǐ yǒu kè ma?
星期五你有课吗？

Xīngqīwǔ wǒ yǒu kè, xīngqīliù wǒ méi yǒu kè.
星期五我有课，星期六我没有课。

7. Write characters.

文

星

课

法

8. Pronunciation practice.

Yī èr sān sì wǔ liù qī,
一 二 三 四 五 六 七，

Qī liù wǔ sì sān èr yī.
七 六 五 四 三 二 一。

Sān zhī yā, sì zhī jī,
三 只 鸭， 四 只 鸡，

Qī zhī xiǎo niǎo fēi guò qù.
七 只 小 鸟 飞 过 去。

One two three four five six seven,

Seven six five four three two one.

Three ducks, four chickens,

Seven birds fly away.

第十一课 我们班

Wǒmen bān yǒu
我们班有
shí ge nán xuésheng.
十个男学生。

Wǒmen bān yǒu
我们班有
shíwǔ ge nǚ xuésheng.
十五个女学生。

Wǒmen bān yǒu
我们班有
èrshíwǔ ge xuésheng.
二十五个学生。

New Words

wǒmen 1. 我们 **we**	bān 2. 班 **class**	nán 3. 男 **male**
nǚ 4. 女 **female**	xuésheng 5. 学生 **student**	shíyī 6. 十一 **eleven**
èrshí 7. 二十 **twenty**	èrshíyī 8. 二十一 **twenty one**	

Sentence Patterns

Wǒmen bān yǒu èrshíwǔ ge xuésheng.
1.我们班有二十五个学生。

Wǒmen bān yǒu shí ge nán xuésheng, shíwǔ ge nǚ xuésheng.
2.我们班有十个男学生，十五个女学生。

Wǒmen bān yǒu sān ge Zhōngguórén.
3.我们班有三个中国人。

Wǒ xǐhuan wǒmen bān.
4.我喜欢我们班。

1. Listen and tick the number you hear on the tape.

1	2	3	4	5	6	7	8	9	10	11	12	13
14	15	16	17	18	19	20	21	22	23	24	25	26

2. Read aloud.

shíyī 十一　shí'èr 十二　shísān 十三　shísì 十四　shíwǔ 十五

shíliù ge 十六个　shíqī ge 十七个　shíbā ge 十八个

shíjiǔ ge nǚ xuésheng
十九个女学生

èrshí ge nán xuésheng
二十个男学生

èrshíyī ge xuésheng
二十一个学生

Wǒmen bān yǒu èrshí'èr ge nǚ xuésheng.
我们班有二十二个女学生。

Wǒmen bān yǒu èrshísān ge nán xuésheng.
我们班有二十三个男学生。

Wǒmen bān yǒu èrshíwǔ ge xuésheng.
我们班有二十五个学生。

3. Listen to the tape and fill the number in the blanks.

	Total	Female students	Male students
Mary			
Tom			
Ann			

4. Complete the dialogues.

Wǒmen bān yǒu èrshí ge xuésheng.
我们班有二十个学生。

Wǒmen bān yǒu shíjiǔ ge xuésheng.
我们班有十九个学生。

Wǒmen bān yǒu jiǔ ge
我们班有九个

Wǒmen bān yǒu shí'èr ge
我们班有十二个 

Wǒmen bān yǒu shíyī ge
我们班有十一个

Wǒmen bān yǒu bā ge
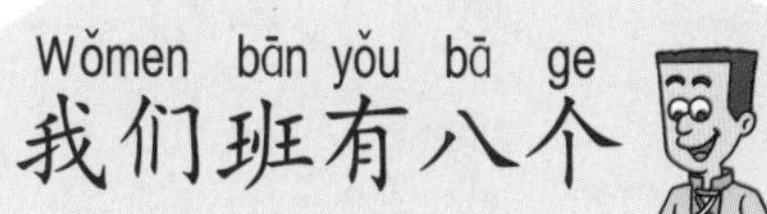
我们班有八个 

5. Match the pictures with the words.

shíyī ge Měiguórén 1) 十一个美国人	a) 
shíwǔ ge píngguǒ 2) 十五个苹果	b) 11 个 (ge)
èrshí ge Zhōngguórén 3) 二十个中国人	c) 
nán xuésheng 4) 男学生	d) 15 个 (ge)
nǚ xuésheng 5) 女学生	e) 
wǒmen bān 6) 我们班	f) 20 个 (ge)

6. Read and match.

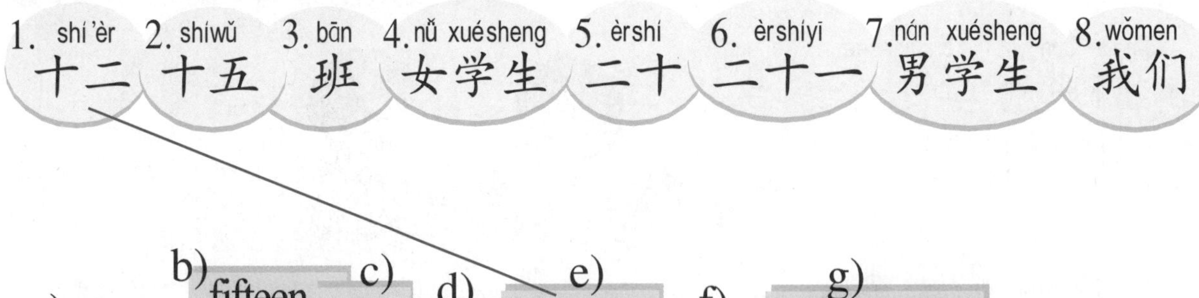

1. shí'èr 十二
2. shíwǔ 十五
3. bān 班
4. nǚ xuésheng 女学生
5. èrshí 二十
6. èrshíyī 二十一
7. nán xuésheng 男学生
8. wǒmen 我们

a) male students
b) fifteen
c) we
d) class
e) twelve
f) twenty
g) twenty one
h) female students

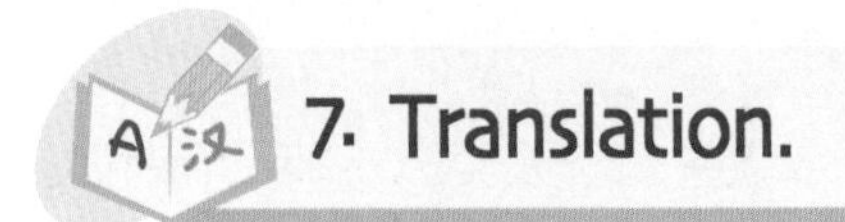

7. Translation.

Wǒmen bān yǒu èrshí ge xuésheng.
1) 我们班有二十个学生。

Wǒmen bān yǒu shí ge nán xuésheng, shí ge nǚ xuésheng.
2) 我们班有十个男学生，十个女学生。

Wǒmen bān yǒu shíqī ge Yīngguórén, sān ge Zhōngguórén.
3) 我们班有十七个英国人，三个中国人。

Wǒ xǐhuan wǒmen bān.
4) 我喜欢我们班。

8. Write characters.

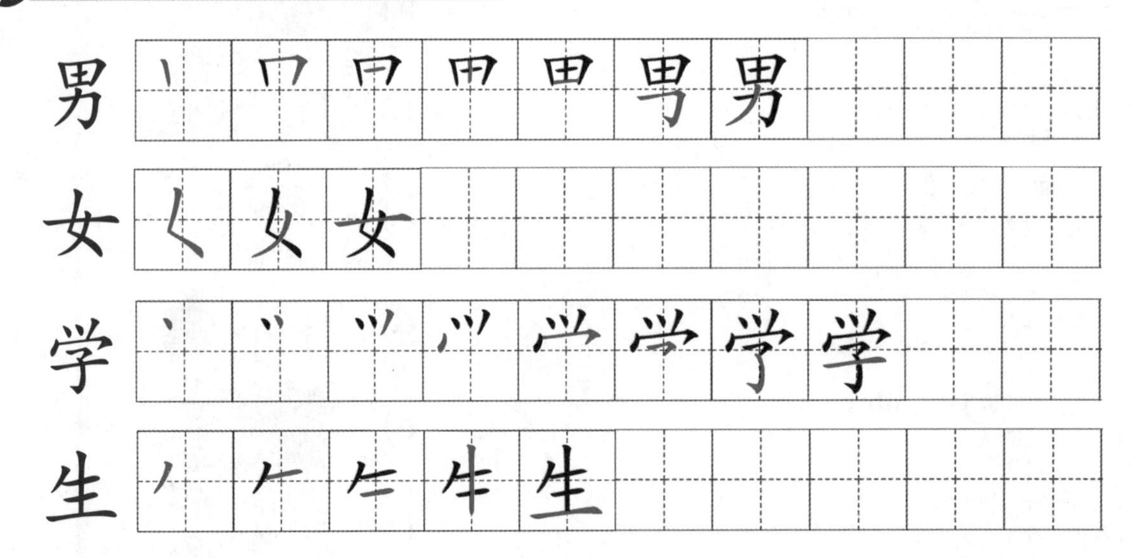

第十二课 我去图书馆

yùndòngchǎng
运动场

túshūguǎn
图书馆

lǐtáng
礼堂

jiàoshì
教室

New Words

1. qù 去 go
2. yùndòngchǎng 运动场 sports ground
3. túshūguǎn 图书馆 library
4. jiàoshì 教室 classroom
5. lǐtáng 礼堂 assembly hall
6. tǐyùguǎn 体育馆 gym

Sentence Patterns

Nǐ qù nǎr?
1.你去哪儿?

Wǒ qù túshūguǎn.
2.我去图书馆。

Nǐ qù yùndòngchǎng ma?
3.你去运动场吗?

Wǒ bú qù yùndòngchǎng.
4.我不去运动场。

1. Number the pictures according to the tape .

2. Read aloud.

jiàoshì 教室　lǐtáng 礼堂　yùndòngchǎng 运动场　túshūguǎn 图书馆　tǐyùguǎn 体育馆

qù jiàoshì 去教室　qù lǐtáng 去礼堂　qù túshūguǎn 去图书馆　qù tǐyùguǎn 去体育馆

Nǐ qù nǎr? 你去哪儿?　wǒ qù yùndòngchǎng. 我去运动场。

3. Listen to the tape and match the pictures with the names.

Mary　Tom　Lìli 丽丽　Xiǎohǎi 小海　Mike

4. Complete the dialogues according to the pictures below.

Nǐ qù túshūguǎn ma?
你去图书馆吗？

Wǒ bú qù túshūguǎn,
我不去图书馆，
wǒ qù jiàoshì.
我去教室。

Nǐ qù yùndòngchǎng ma?
你去运动场吗？

Wǒ bú qù yùndòngchǎng,
我不去运动场，
Wǒ qù lǐtáng.
我去礼堂。

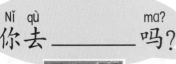

Nǐ qù ma?
你去________吗？

Wǒ bú qù
我不去______，
Wǒ qù
我去______。

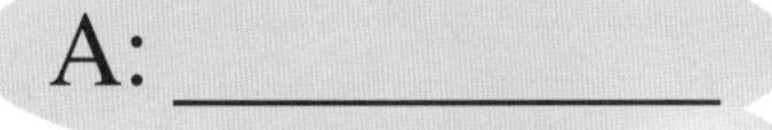

A: ______________

B: ____________

5. Read and match.

1) qù lǐtáng 去礼堂	a) go to the classroom
2) qù túshūguǎn 去图书馆	b) go to the gym
3) qù jiàoshì 去教室	c) go to the sports ground
4) qù yùndòngchǎng 去运动场	d) go to the assembly hall
5) qù tǐyùguǎn 去体育馆	e) go to the library

6. Translation.

Nǐ qù nǎr?
1) 你去哪儿？

Wǒ qù lǐtáng.
2) 我去礼堂。

Tā bú qù lǐtáng, tā qù túshūguǎn.
3) 他不去礼堂，他去图书馆。

Wǒmen qù jiàoshì, wǒmen bú qù tǐyùguǎn.
4) 我们去教室，我们不去体育馆。

Tāmen bú qù jiàoshì, tāmen qù yùndòngchǎng.
5) 他们(they)不去教室，他们去运动场。

7. Write characters.

单元小结

1. 日期＋某人＋有＋课程名称＋吗？	例句：星期四你有体育课吗？ 星期一姐姐有法文课吗？
2. 日期＋某人＋（没）有＋课程名称	例句：星期一我有中文课。 星期一我没有法文课。 星期三哥哥有体育课。
3. 日期＋某人＋有＋课＋吗？	例句：星期五你有课吗？ 星期六小海有课吗？
4. 日期＋某人＋（没）有＋课	例句：星期五我有课。 星期六小海没有课。
5. 某处＋有＋数量＋人	例句：我们班有二十三个学生。 我们班有十个男学生， 十三个女学生。 我们班有两个中国人。
6. 某人＋去＋哪儿？	例句：姐姐去哪儿？ 你去哪儿？ 妈妈去哪儿？
7. 某人＋去＋某处＋吗？	例句：你去运动场吗？ 姐姐去教室吗？ 老师去图书馆吗？
8. 某人＋（不）去＋某处	例句：我去运动场。 姐姐不去教室。 老师去图书馆。
9. 数字表达（11～25）	十一、十二、十三、十四、 十五、十六、十七、十八、 十九、二十、二十一、二十二、 二十三、二十四、二十五

第十三课 现在几点

Xiànzài jǐ diǎn?
现在几点？

Xiànzài wǔ diǎn bàn.
现在五点半。

New Words

xiànzài 1.现在 **now**	jǐ 2.几 **how many**
diǎn 3.点 **o'clock**	bàn 4.半 **half**

Sentence Patterns

Xiànzài jǐ diǎn?
1.现在几点？

Xiànzài shí'èr diǎn.
2.现在十二点。

Xiànzài wǔ diǎn bàn.
3.现在五点半。

1. Number the clock according to the tape.

2. Read aloud.

jǐ diǎn 几点　jiǔ diǎn 九点　liǎng diǎn 两点　wǔ diǎn bàn 五点半

Xiànzài jǐ diǎn? 现在几点？　Xiànzài wǔ diǎn bàn. 现在五点半。

3. Give the time on the clock according to the tape.

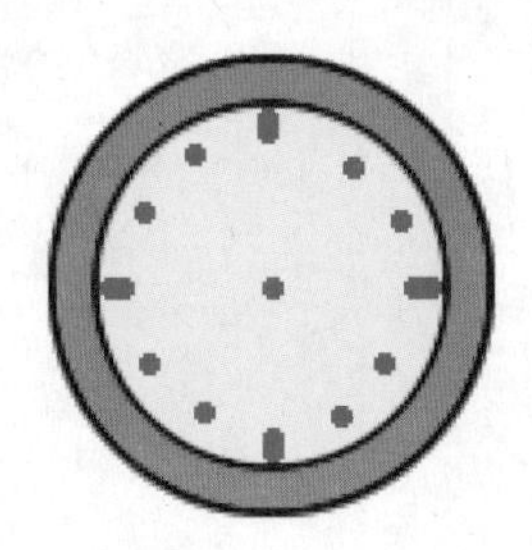
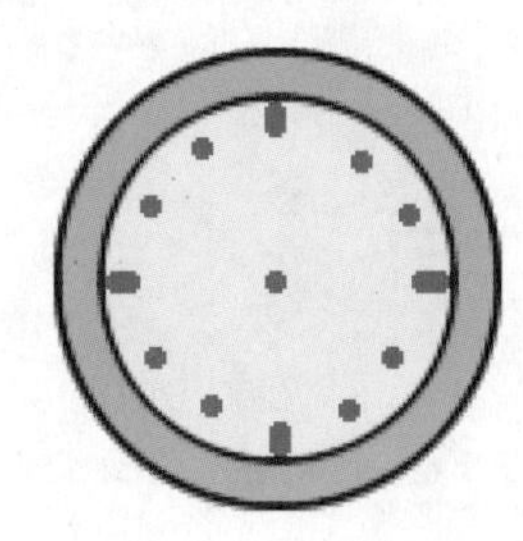
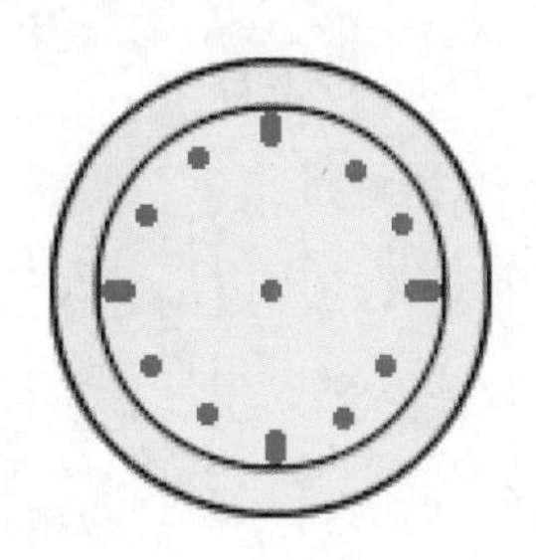

4. Make dialogues according to the pictures below.

Xiànzài jǐ diǎn?
现在几点?

Xiànzài wǔ diǎn bàn.
现在五点半。

Xiànzài jǐ diǎn?
现在几点?

……

5. Read and match.

xiànzài 1) 现在	a) what time
bàn 2) 半	b) now
jǐ diǎn 3) 几点	c) where
nǎr 4) 哪儿	d) half

6. Translation.

Nǐ qù nǎr?
1) 你去哪儿?

Wǒ qù túshūguǎn.
2) 我去图书馆。

Xiànzài jǐ diǎn?
3) 现在几点?

Xiànzài jiǔ diǎn bàn.
4) 现在九点半。

7. Write characters.

现	一	二	千	王	玎	玑	玑	现		
几	丿	几								
点	丨	卜	占	占	占	点	点	点	点	
半	丶	丷	㐅	兰	半					

8. Pronunciation practice.

Dà rè tiān, zhí chū hàn,
大热天，直出汗，
rén rén rè de shǒu jiǎo ruǎn.
人人热得手脚软。

On very hot days,perspiring all the time,everyone is too hot to move their limbs.

rì guǐ
日晷

第十四课 我的生日

Wǒ de shēngri shì yīyuè èrshísì hào.
我的生日是一月二十四号。
Birthday

New Words

1. 的 (de) (a structural particle)
2. 我的 (wǒ de) my
3. 生日 (shēngri) birthday
4. 月 (yuè) month
5. 号 (hào) date
6. 岁 (suì) years old
7. 你的 (nǐ de) yours

Sentence Patterns

Nǐ de shēngri shì jǐ yuè jǐ hào?
1.你的生日是几月几号?
Wǒ de shēngri shì yīyuè èrshísì hào.
2.我的生日是一月二十四号。
Nǐ jǐ suì?
3.你几岁?
Wǒ shísì suì.
4.我十四岁。

1. Number the words according to the tape.

yīyuè January	liùyuè June	jiǔyuè September	shí'èryuè December
	①		
bā hào 8th	shísì hào 14th	èrshí hào 20th	èrshísì hào 24th

2. Read aloud.

jǐ 几　jǐ yuè 几月　jǐ hào 几号　jǐ suì 几岁

èryuè 二月　sānshí hào 三十号　yīyuè èrshísì hào 一月二十四号　shísì suì 十四岁

wǒ de 我的　nǐ de 你的　shēngri 生日　wǒ de shēngri 我的生日　nǐ de shēngri 你的生日

Nǐ de shēngri shì jǐ yuè jǐ hào? 你的生日是几月几号?　Wǒ shísì suì. 我十四岁。

3. Listen and match, then write down the ages.

Tom	liùyuè èrshíwǔ hào 六月二十五号，______	suì 岁。
Ann	shí'èryuè sān hào 十二月三号，______	suì 岁。
Míngming 明明	bāyuè qī hào 八月七号，______	suì 岁。
Xiǎohóng 小红	sìyuè shí hào 四月十号，______	suì 岁。

4. Make dialogues.

Nǐ de shēngri shì jǐ yuè jǐ hào?
你的生日是几月几号？

Wǒ de shēngri shì ……
我的生日是……

……

Nǐ de shēngri shì ……
你的生日是……

5. Read and match.

1) shíwǔ hào 十五号 — a) my birthday

2) sìyuè 四月 — b) 21 years old

3) èrshíyī suì 二十一岁 — c) your birthday

4) wǒ de shēngri 我的生日 — d) April

5) nǐ de shēngri 你的生日 — e) 15th

6. Translation.

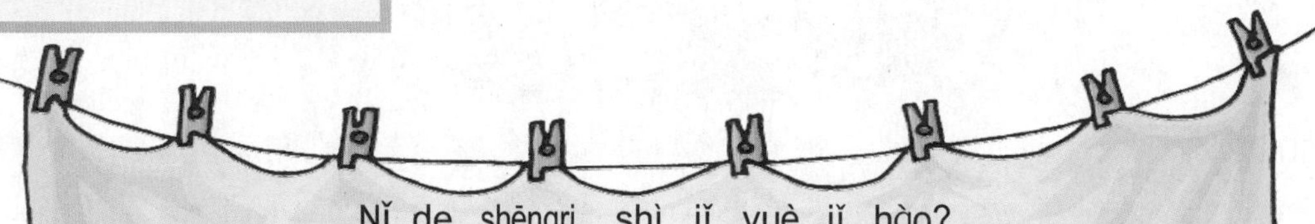

1) 你的生日是几月几号？
Nǐ de shēngri shì jǐ yuè jǐ hào?

2) 我的生日是一月二十四号。
Wǒ de shēngri shì yīyuè èrshísì hào.

3) 你几岁？
Nǐ jǐ suì?

4) 我十一岁。
Wǒ shíyī suì.

7. Write characters.

日	丨	冂	日	日						
月	丿	月	月	月						
号	丨	口	口	号	号					
岁	丨	山	山	岁	岁	岁				

第十五课 今天不冷

New Words

zuótiān 1. 昨天 yesterday	lěng 2. 冷 cold
jīntiān 3. 今天 today	rè 4. 热 hot

Sentence Patterns

Jīntiān lěng ma?
1.今天冷吗?

Jīntiān bù lěng.
2.今天不冷。

Zuótiān hěn lěng.
3.昨天很冷。

1. Mark the words according to the tape.

	Zhōngwénkè 中文课	Fǎwénkè 法文课	Yīngwénkè 英文课	tǐyùkè 体育课
zuótiān 昨天	✓ (yǒu 有)			
jīntiān 今天	× (méi yǒu 没有)			

2. Read aloud.

jīntiān 今天　zuótiān 昨天　lěng 冷　rè 热

Zuótiān hěn lěng.
昨天很冷。

Jīntiān bù lěng.
今天不冷。

Jīntiān hěn rè.
今天很热。

Zuótiān bú rè.
昨天不热。

3. Listen and mark on the table below.

	Běijīng 北京	Shànghǎi 上海	Xiānggǎng 香港
zuótiān 昨天			
jīntiān 今天			

4. Make dialogues.

Zuótiān lěng ma?
A: 昨天冷吗？
Zuótiān hěn lěng?
B: 昨天很冷。

Zuótiān rè ma?
A: 昨天热吗？

B: ……

Jīntiān lěng ma?
A: 今天冷吗？
Jīntiān bù lěng.
B: 今天不冷。

Jīntiān……?
A: 今天……？

B: ……

5. Read and match.

lěng 1) 冷	a) warm
jīntiān 2) 今天	b) today
zuótiān 3) 昨天	c) cold
rè 4) 热	d) not very cold
bù hěn lěng 5) 不很冷	e) not hot
bú rè 6) 不热	f) yesterday

6. Translation.

Jīntiān hěn lěng.
1) 今天很冷。

Zuótiān bú rè.
2) 昨天不热。

Jīntiān bù hěn lěng.
3) 今天不很冷。

Jīntiān shì xīngqīyī, hěn rè.
4) 今天是星期一，很热。

7. Write characters.

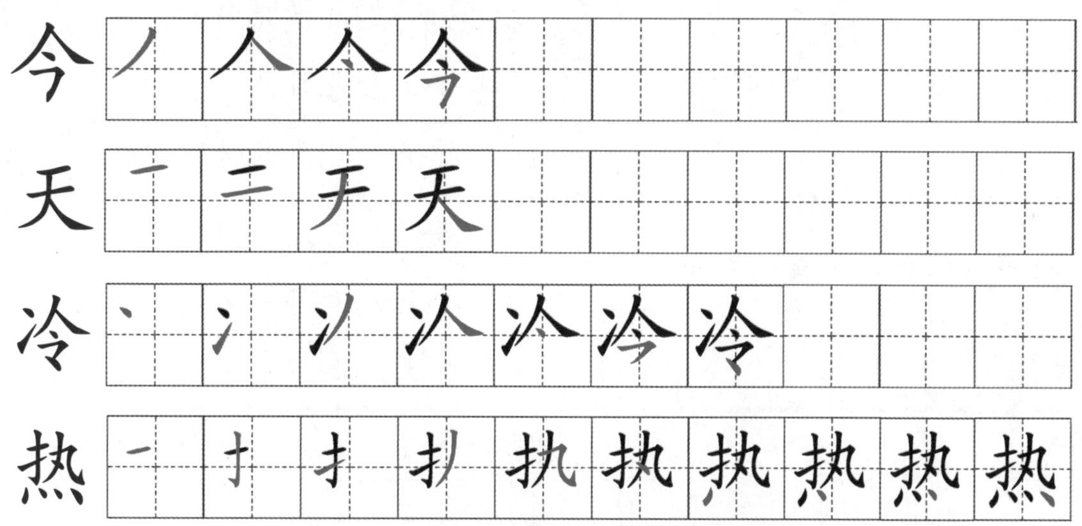

chūn
春

xià
夏

qiū
秋

dōng
冬

单元小结

1.现在＋几＋点？	例句：现在几点？
2.现在＋数字＋点	例句：现在十二点。 现在两点。 现在八点。
3.现在＋数字＋点＋半	例句：现在五点半。 现在十一点半。
4.名词（词组）＋是＋几＋月＋几＋号？	例句：你的生日是几月几号？ 今天是几月几号？ 昨天是几月几号？
5.名词（词组）＋是＋数字＋月＋数字＋号	例句：我的生日是一月二十四号。 今天是九月三号。 昨天是八月二号。
6.某人＋几＋岁？	例句：你几岁？ 他几岁？
7.某人＋数字＋岁	例句：我九岁。 他十一岁。
8.日期＋冷/热＋吗？	例句：今天冷吗？ 昨天热吗？
9.日期＋很＋冷/热	例句：今天很冷。 昨天很热。
10.日期＋不＋冷/热	例句：今天不冷。 昨天不热。

Unit Six Job

第六单元 工作

第十六课 他是医生

New Words

yīshēng 1. 医生 doctor	huàjiā 2. 画家 artist
gōngchéngshī 3. 工程师 engineer	jiàoshī 4. 教师 teacher
shāngrén 5. 商人 businessman	gōngrén 6. 工人 worker

Sentence Patterns

Tā shì bú shì huàjiā? 1.他是不是画家？	Tā shì huàjiā. 2.他是画家。
Māma bú shì yīshēng. 3.妈妈不是医生。	Nǐ hē bù hē kāfēi? 4.你喝不喝咖啡？

1. Number the words according to the tape.

①

2. Read and match.

1. 
2. 
3. 
4. 
5. 
6. 
7.

a) shāngrén 商人　b) huàjiā 画家　c) yīshēng 医生　d) gōngchéngshī 工程师　e) gōngrén 工人　f) xuésheng 学生　g) jiàoshī 教师

3. Read aloud.

huà jiā
画家

shì huà jiā
是画家

Tā shì huà jiā
他是画家。

Tā shì bú shì huà jiā?
他是不是画家？

gōngchéngshī
工程师

shì gōngchéngshī
是工程师

Tā shì gōngchéngshī.
他是工程师。

Tā shì bú shì gōngchéngshī?
他是不是工程师？

4. Fill in the blanks.

huàjiā ①画家	jiàoshī ②教师	yīshēng ③医生	xuésheng ④学生

1) Tā shì 他是__①__。 

2) Māma bú shì 妈妈不是_____。 

3) Bàba shì ma? 爸爸是_____吗？ 

4) shì bú shì Ann是不是_____？ 

5. Complete the dialogues according to the pictures below.

1) A: Ann 是不是学生？(shì bú shì xuésheng?)
B: Ann 是学生。(shì xuésheng.)

2) A: Tom 喝不喝咖啡？(hē bù hē kāfēi?)
B: Tom 不喝咖啡，他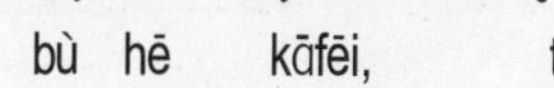。(bù hē kāfēi, tā)

Tā shì bú shì gōngchéngshī?
3) A: 他是不是工程师？

Tā
B: 他______________________。

Xiǎohǎi
4) A: 小海______________________？

Xiǎohǎi bú qù túshūguǎn, tā
B: 小海不去图书馆，他____________。

Tā
5) A: 他__________________？

Tā
B: 他__________________。

6. Translation.

Nǐ bàba shì yīshēng ma?
1) 你爸爸是医生吗？

Jiějie bú shì jiàoshī, shì gōngchéngshī.
2) 姐姐不是教师，是工程师。

Tā gēge shì bú shì gōngrén?
3) 他哥哥是不是工人？

Nǐ shì bú shì Yīngguórén? Wǒ bú shì Yīngguórén, Wǒ shì Měiguórén.
4) 你是不是英国人？我不是英国人，我是美国人。

7. Make dialogues.

Bàba shì bú shì
爸爸是不是……？

Māma
妈妈……？

Gēge
哥哥……？

Ann……？

8. Write characters.

是	丨	冂	日	日	旦	早	早	旱	是		
师	丨	刂	刂	师	师	师					
工	一	丅	工								
画	一	丆	丙	丙	而	画	画	画			

9. Pronunciation practice.

Cánhé chán
蚕和蝉

Zhè shì cán,
这是蚕，

nà shì chán.
那是蝉。

Cán cháng zài yè li cáng,
蚕常在叶里藏，

chán cháng zài lín li chàng.
蝉常在林里唱。

The Silkworm and the Cicada

This is the silkworm.
That is the cicada.
The silkworm often hides in leaves.
The cicada often sings in trees.

第十七课 他在医院工作

Tā zài nǎr gōngzuò?
他在哪儿工作?
Tā zài yīyuàn gōngzuò.
他在医院工作。

New Words

1. 工作 (gōngzuò) to work
2. 医院 (yīyuàn) hospital
3. 护士 (hùshi) nurse
4. 司机 (sījī) driver, chauffeur
5. 校长 (xiàozhǎng) headmaster, principal
6. 售货员 (shòuhuòyuán) salesman, assistant
7. 商店 (shāngdiàn) store, shop
8. 工厂 (gōngchǎng) factory

Sentence Patterns

Tā zài nǎr gōngzuò?
1.他在哪儿工作？

Tā zài yīyuàn gōngzuò.
2.他在医院工作。

Bàba zài nǎr hē chá?
3.爸爸在哪儿喝茶？

Bàba zài chúfáng hē chá.
4.爸爸在厨房喝茶。

1. Number the words according to the tape.

①

2. Read and match.

1. 
2.
3. 
4. 
5. 
6. 
7. 

a) yīyuàn 医院 b) sījī 司机 c) xiàozhǎng 校长 d) shāngdiàn 商店 e) shòuhuòyuán 售货员 f) hùshi 护士 g) gōngchǎng 工厂

3. Read aloud.

xuésheng 学生　zài xuéxiào xuéxí 在学校学习　xiàozhǎng 校长　jiàoshī 教师　zài xuéxiào gōngzuò 在学校工作

yīshēng 医生　hùshi 护士　zài yīyuàn gōngzuò 在医院工作　shòuhuòyuán 售货员　zài shāngdiàn gōngzuò 在商店工作

4. Fill in the blanks.

①医生 (yīshēng)　②学校 (xuéxiào)　③英国人 (Yīngguórén)　④医院 (yīyuàn)　⑤售货员 (shòuhuòyuán)

⑥教师 (jiàoshī)　⑦英国 (Yīngguó)　⑧商店 (shāngdiàn)　⑨北京 (Běijīng)　⑩中国人 (Zhōngguórén)

1) Wǒ bàba shì ①, tā zài ④ gōngzuò.
我爸爸是_①_，他在_④_工作。

2) Mary shì ③, tā zài ⑦ gōngzuò.
Mary是_③_，她在_⑦_工作。

3) Wǒ māma shì ____, tā zài ____ gōngzuò.
我妈妈是____，她在____工作。

4) Mike de māma shì ____, tā zài ____ gōngzuò.
Mike的妈妈是____，她在____工作。

5) Xiǎohóng de gēge shì ____, tā zài ____ gōngzuò.
小红的哥哥是____，他在____工作。

5. Complete the dialogues.

Yīshēng zài nǎr gōngzuò?
1) A:医生在哪儿工作?

Yīshēng zài yīyuàn gōngzuò.
B:医生在医院工作。

Bàba zài nǎr hē chá?
2) A:爸爸在哪儿喝茶?

Bàba zài chúfáng hē chá.
B:爸爸在厨房喝茶。

Hùshi zài nǎr gōngzuò?
3) A:护士在哪儿工作?

B:________________。

zài nǎr chī píngguǒ?
4) A:Ann 在哪儿吃苹果?

B:________________。

5) A:________________?

B:________________。

6. Read and match.

zài yīyuàn gōngzuò
1) 在医院工作

zài shāngdiàn gōngzuò
2) 在商店工作

zài xuéxiào gōngzuò
3) 在学校工作

zài túshūguǎn gōngzuò
4) 在图书馆工作

zài gōngchǎng gōngzuò
5) 在工厂工作

a) work in a shop
b) work in a hospital
c) work in a factory
d) work in a library
e) work in a school

7. Listen and fill the pinyin in the blanks.

1) Wǒ shì Zhōngguórén, wǒ ________ gōngzuò.
我是中国人，我　　　工作。

2) Wǒ shì yīshēng, wǒ ________________.
我是医生，我　　　　　。

3) Wǒ shì ________, wǒ ________.
我是　　　，我　　　。

8. Make dialogues according to the pictures below.

Bàba shì bú shì
爸爸是不是……？

Tā zài nǎr
他在哪儿……？

Māma shì ma?
妈妈是……吗？

Māma zài nǎr
妈妈在哪儿……？

9. Write characters.

校	一	十	才	木	木	杧	杧	杧	柼	校
长	ノ	𠂉	𠂉	长						
院	⻖	⻖	⻖	⻖	阝宀	阝宀	阝宀	阝宀	院	
机	一	十	才	木	朳	机				

第十八课 我想做演员

New Words

1. 您 (nín) you
2. 演员 (yǎnyuán) actor, actress
3. 想 (xiǎng) want to
4. 做 (zuò) to be, to become, to do
5. 作家 (zuòjiā) author, writer
6. 科学家 (kēxuéjiā) scientist
7. 吧 (ba) (a modal particle)

Sentence Patterns

1. Wǒ xiǎng zuò yǎnyuán.
   我想做演员。
2. Gēge bù xiǎng zuò yǎnyuán.
   哥哥不想做演员。
3. Nín shì kēxuéjiā ba?
   您是科学家吧?
4. Nǐ xiǎng zuò huàjiā ma?
   你想做画家吗?

1. Number the words according to the tape.

	xiǎng 想
	zuòjiā 作家
①	kēxuéjiā 科学家
	nín 您
	yǎnyuán 演员
	zuò 做

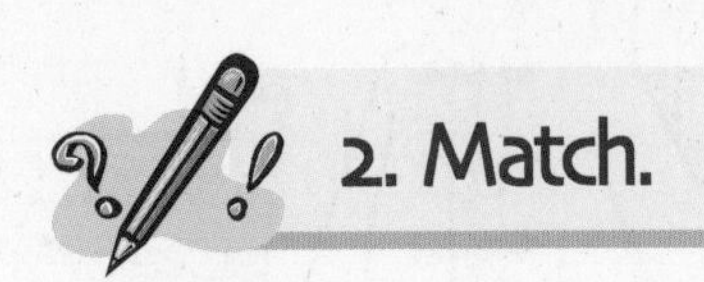

2. Match.

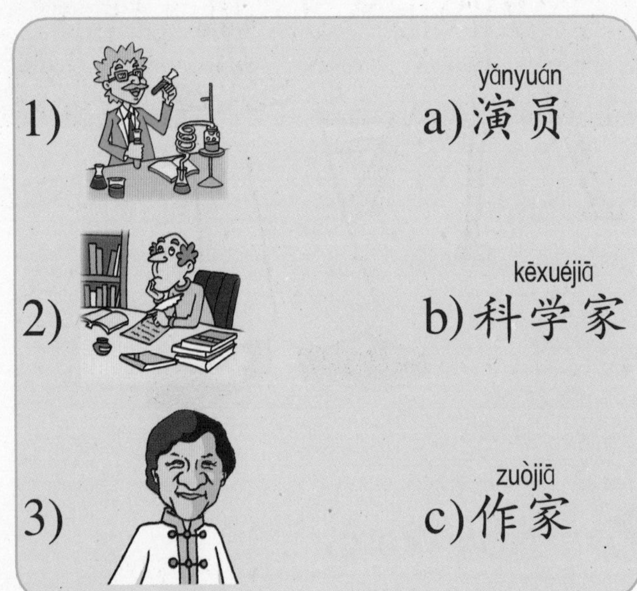

1)
2)
3)

a) yǎnyuán 演员
b) kēxuéjiā 科学家
c) zuòjiā 作家

3. Read aloud.

yǎnyuán 演员	kēxuéjiā 科学家	zuòjiā 作家
zuò yǎnyuán 做演员	zuò kēxuéjiā 做科学家	zuò zuòjiā 做作家
xiǎng zuò yǎnyuán 想做演员	xiǎng zuò kēxuéjiā 想做科学家	xiǎng zuò zuòjiā 想做作家
wǒ xiǎng zuò yǎnyuán 我想做演员	wǒ xiǎng zuò kēxuéjiā 我想做科学家	wǒ xiǎng zuò zuòjiā 我想做作家

4. Fill in the blanks.

zuòjiā ①作家　　yǎnyuán ②演员　　kēxuéjiā ③科学家

Wǒ xiǎng zuò
1)我想做______。

Tā xiǎng zuò　ma?
2)他想做______吗?

Xiǎohǎi bù xiǎng zuò
3)小海不想做______。

5. Complete the dialogues according to the pictures below.

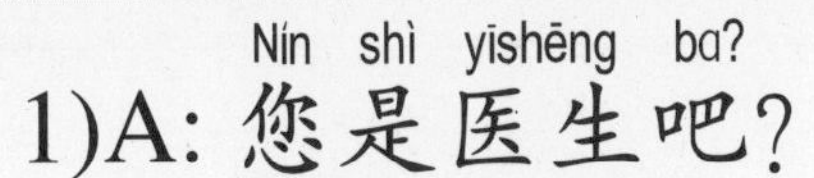

Nín shì yīshēng ba?
1)A: 您是医生吧?
Wǒ shì yīshēng.
B: 我是医生。

Nǐ shì Zhōngguórén ba?
2) A: 你是中国人吧?
B: ____________。

3) A: ____________?
B: ____________。

Nǐ xiǎng zuò yǎnyuán ma?
4) A: 你想做演员吗?
Wǒ xiǎng zuò yǎnyuán.
B: 我想做演员。

Nǐ xiǎng zuò huàjiā ma?
5) A: 你想做画家吗?
B: ____________。

6)A: ____________?
B: ____________。

6. Translation.

xiǎng zuò yīshēng
1) 想做医生 ________

xiǎng zuò gōngchéngshī
2) 想做工程师 ________

xiǎng zuò sījī
3) 想做司机 ________

xiǎng zuò shāngrén
4) 想做商人 ________

xiǎng zuò yǎnyuán
5) 想做演员 ________

xiǎng zuò huàjiā
6) 想做画家 ________

7. Make dialogues with the phrases given below.

shì ba?
……是……吧？

xiǎng zuò ba?
……想做……吧？

xiǎng zuò
……想做……。

jiàoshī
教师

yīshēng
医生

xiǎng zuò yǎnyuán
想做演员

8. Write characters.

您	丿	亻	亻	亻	你	你	你	你	您	您	您
想	一	十	才	木	木	相	相	相	相	相	想
	想	想									
吧	丨	口	口	口	吅	吧	吧				
做	丿	亻	亻	什	什	估	估	估	估	做	做

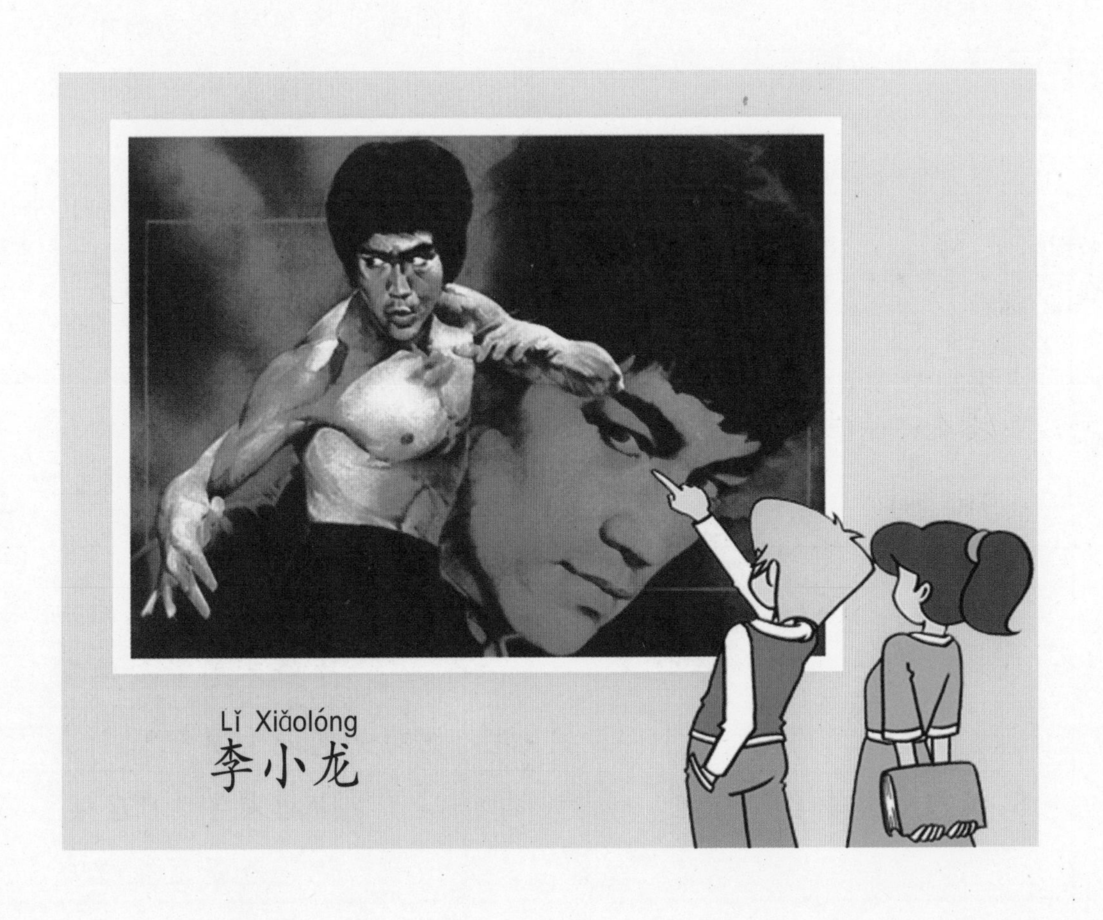

Lǐ Xiǎolóng
李小龙

单元小结

1.某人＋是＋不是＋名词？	例句：他是不是画家？ 姐姐是不是学生？ 哥哥是不是英国人？
2.某人＋（不）是＋名词	例句：他是画家。 我不是英国人。 姐姐不是学生。
3.某人＋不是＋名词，是＋名词	例句：他不是教师，是工程师。 姐姐不是中国人，是英国人。
4.某人＋动词＋不＋动词＋名词？	例句：爸爸喝不喝咖啡？ 小海去不去图书馆？
5.某人＋在＋哪儿＋动词？	例句：他在哪儿工作？ 你妈妈在哪儿工作？ 爸爸在哪儿喝茶？
6.某人＋在＋某处＋动词（词组）	例句：他在商店工作。 我妈妈在学校工作。 爸爸在厨房喝茶。
7.某人＋（不）想＋做＋职业	例句：我想做演员。 哥哥想做工程师。 小红不想做科学家。
8.某人＋是＋名词＋吧？	例句：您是演员吧？ 小海是学生吧？ 你爸爸是医生吧？
9.某人＋想＋做＋职业＋吗？	例句：你想做画家吗？ 小海想做演员吗？

Unit Seven Hobby
第七单元 爱 好

第十九课 你的爱好是什么

New Words

1. 爱好 (àihào) hobby, interest
2. 音乐 (yīnyuè) music
3. 电脑 (diànnǎo) computer
4. 游戏 (yóuxì) game
5. 电脑游戏 (diànnǎo yóuxì) computer games
6. 上网 (shàngwǎng) to be online
7. 运动 (yùndòng) sports, athletics
8. 他的 (tā de) his
9. 我们的 (wǒmen de) our

Sentence Patterns

Nǐ de àihào shì shénme?
1.你的爱好是什么？

Wǒ de àihào shì yīnyuè.
2.我的爱好是音乐。

Nǐ xǐhuan diànnǎo yóuxì ma?
3.你喜欢电脑游戏吗？

Wǒ xǐhuan diànnǎo yóuxì.
4.我喜欢电脑游戏。

1. Number the pictures according to the tape.

2. Read aloud.

yùndòng　　yùndòngchǎng　　qù yùndòngchǎng
运动　　运动场　　去运动场

diànnǎo　　diànnǎo yóuxì　　shàngwǎng
电脑　　电脑游戏　　上网

wǒ de àihào　　tā de àihào　　wǒmen de àihào
我的爱好　　他的爱好　　我们的爱好

Wǒ de àihào shì yīnyuè, tā de àihào shì yùndòng.
我的爱好是音乐，他的爱好是运动。

3. Listen and match.

Lìli
丽丽

Xiǎohǎi
小海

Tom

Ann

4. Make dialogues according to the pictures below.

Nǐ de àihào shì shénme?
1) A: 你的爱好是什么?
Wǒ de àihào shì yīnyuè.
B: 我的爱好是音乐。

Tā de àihào
2) A: 他的爱好__________?
Tā de àihào
B: 他的爱好__________。

Tā de
3) A: 他的__________?

B: ______________。

5. Read and match.

wǒ de àihào 1) 我的爱好	my hobby / interest
diànnǎo yóuxì 2) 电脑游戏	Do you like music?
xǐhuan yùndòng 3) 喜欢运动	like sports
Nǐ xǐhuan yīnyuè ma? 4) 你喜欢音乐吗?	What is his hobby?
Tā de àihào shì shénme? 5) 他的爱好是什么?	computer games

6. Translation.

Nǐ de àihào shì shénme?
1) 你的爱好是什么？

Wǒ de àihào shì yùndòng.
2) 我的爱好是运动。

Nǐ xǐhuan diànnǎo yóuxì ma?
3) 你喜欢 电脑游戏吗？

Wǒ xǐhuan diànnǎo, yě xǐhuan diànnǎo yóuxì.
4) 我喜欢 电脑，也喜欢 电脑游戏。

Xiǎohǎi xǐhuan yùndòng, Xiǎohóng yě xǐhuan yùndòng.
5) 小海喜欢 运动，小红也喜欢 运动。

Wǒ de àihào shì yīnyuè, tā de àihào yě shì yīnyuè.
6) 我的爱好是音乐，他的爱好也是音乐。

7. Write characters.

什

么

音

乐

8. Pronunciation practice.

Xiǎoxiǎo yì jiān fáng
小小一间房，

zhǐ yǒu yí shàn chuāng.
只有一扇窗。

Chuāng nèi hǎo fēngjǐng,
窗内好风景，

tiāntiān biàn huāyàng.
天天变花样。

There is a little room,
with only a window.
Through the window
is beautiful scenery.
It changes every day.

第二十课　你会打网球吗

New Words

1. 会 (huì) can, be able to
2. 打 (dǎ) to play
3. 网球 (wǎngqiú) tennis
4. 篮球 (lánqiú) basketball
5. 游泳 (yóuyǒng) swim, swimming
6. 运动员 (yùndòngyuán) sportsman, athlete

Sentence Patterns

Nǐ huì dǎ wǎngqiú ma? 1.你会打网球吗?	Wǒ huì dǎ wǎngqiú. 2.我会打网球。
Wǒ bú huì dǎ lánqiú. 3.我不会打篮球。	Tā shì lánqiú yùndòngyuán. 4.他是篮球运动员。

1. Mark the pictures according to the tape.

2. Read aloud.

yùndòng 运动　wǎngqiú 网球　lánqiú 篮球　yóuyǒng 游泳　dǎ wǎngqiú 打网球　dǎ lánqiú 打篮球

huì dǎ wǎng qiú 会打网球　bú huì dǎ wǎng qiú 不会打网球

yùndòngyuán 运动员　lánqiú yùndòngyuán 篮球运动员　yóuyǒng yùndòngyuán 游泳运动员

3. Listen and match.

Xiǎohóng 小红

Xiǎohǎi 小海

Mike

Tom

4. Complete the dialogues according to the pictures below.

Nǐ shì yùndòngyuán ma?
你是运动员吗？

wǒ bú
我不________。

Nǐ huì yóuyǒng ma?
你会游泳吗？

Wǒ nǐ ne?
我______，你呢？

Wǒ yě
我也________。

Nǐ huì
你会________？

Wǒ bú nǐ ne?
我不________，你呢？

________。

5. Read and match.

1) dǎ wǎngqiú 打网球	a) sportsman
2) Tā huì dǎ lánqiú. 他会打篮球。	b) Can you swim?
3) Wǒ bú huì dǎ wǎngqiú. 我不会打网球。	c) play tennis
4) yùndòngyuán 运动员	d) I don't know how to play tennis.
5) lán qiú yùndòngyuán 篮球运动员	e) Do you want to be an athlete?
6) Nǐ huì yóuyǒng ma? 你会游泳吗？	f) He can play basketball.
7) Nǐ xiǎng zuò yùndòngyuán ma? 你想做运动员吗？	g) basketball player

6. Translation.

Wǒ jiào Lìli, wǒ de àihào shì yīnyuè.
1) 我叫丽丽，我的爱好是音乐。

Wǒ huì dǎ wǎngqiú, yě huì dǎ lánqiú.
2) 我会打网球，也会打篮球。

Tā de àihào shì yùndòng, tā huì yóuyǒng, yě huì dǎ wǎngqiú.
3) 他的爱好是运动，他会游泳，也会 打网球。

Tā shì lánqiú yùndòngyuán, tā de gēge yě shì lánqiú yùndòngyuán.
4) 他是篮球运动员，他的哥哥也是篮球运动员。

bù xǐhuan wǎngqiú, yě bù xǐhuan diànnǎo yóuxì.
5) Mary 不喜欢 网 球，也不喜欢电脑游戏。

7. Write characters.

会 丿 人 𠆢 亼 会 会

打 一 扌 扌 扌 打

网 丨 冂 冂 冈 网 网

球 一 二 千 王 王 玗 玗 玗 球 球 球

第二十一课 我天天看电视

New Words

1. kàn 看 to look, to watch, to see
2. diànshì 电视 TV
3. diànyǐng 电影 film, movie
4. tiāntiān 天天 everyday
5. hǎokàn 好看 nice, fine
6. jiémù 节目 programme

Sentence Patterns

1. Wǒ tiāntiān kàn diànshì.
我天天看电视。
2. Jīntiān de diànshì jiémù hǎokàn ma?
今天的电视节目好看吗？
3. Diànshì jiémù hěn hǎokàn.
电视节目很好看。
4. Wǒ bù xiǎng kàn diànyǐng.
我不想看电影。

1. Number the words according to the tape.

jiémù 节目	diànnǎo 电脑	shàngwǎng 上网	diànshì 电视
diànyǐng 电影	tiāntiān 天天	hǎokàn 好看	jīntiān 今天
			1

2. Read aloud.

diànshì 电视　diànyǐng 电影　kàn diànshì 看电视　kàn diànyǐng 看电影

diànyǐng hěn hǎokàn 电影很好看　diànshì hěn hǎokàn 电视很好看　diànshì jiémù hěn hǎokàn 电视节目很好看

tiāntiān kàn diànshì 天天看电视　tiāntiān kàn diànyǐng 天天看电影　tiāntiān dǎ lánqiú 天天打篮球

Tā tiāntiān yóuyǒng. 他天天游泳。

3. Listen and choose.

Xiǎohǎi xǐhuan shénme? Lìli xǐhuan shénme?

1) 小海喜欢什么？丽丽喜欢什么？

	diànyǐng 电影	✓
	diànshì 电视	
	tiāntiān kàn diànyǐng 天天看电影	
	tiāntiān kàn diànshì 天天看电视	

xiǎng zuò shénme? xiǎng zuò shénme?
2) Ann 想做什么？Mike 想做什么？

	xiǎng kàn diànshì 想看电视	
	bù xiǎng kàn diànshì 不想看电视	
	xiǎng qù túshūguǎn 想去图书馆	

4. Complete the dialogues according to the pictures below.

Tā de àihào shì shénme?
1) A: 他的爱好是什么？

Tā de àihào shì kàn diànyǐng, tā tiāntiān kàn diànyǐng.
B: 他的爱好是看电影，他天天看电影。

Tā xǐhuan ma?
2) A: 他喜欢 ＿＿＿＿＿＿ 吗？

Tā xǐhuan tā
B: 他喜欢 ＿＿＿＿＿＿，他 ＿＿＿＿＿＿。

Jīntiān de hǎokàn ma?
3) A: 今天的 ＿＿＿＿＿＿＿＿ 好看吗？

Jīntiān de
B: 今天的 ＿＿＿＿＿＿＿＿＿＿。

5. Read and match.

kàn diànshì
1) 看电视

zuótiān de diànshì jiémù
2) 昨天的电视节目

Diànshì jiémù hěn hǎokàn.
3) 电视节目很好看。

Zhōngguó diànyǐng
4) 中国电影

Tā xǐhuan Zhōngguó diànyǐng.
5) 他喜欢中国电影。

tiāntiān kàn diànyǐng
6) 天天看电影

a) The TV programme is very good.

b) Chinese film

c) watch TV

d) yesterday's TV programme

e) watch films everyday

f) He likes Chinese films.

6. Translation.

Zhè ge diànyǐng hěn hǎokàn.
1)这个电影很好看。

Wǒ xǐhuan kàn diànshì, wǒ tiāntiān kàn diànshì.
2)我喜欢看电视，我天天看电视。

Nǐ kàn diànshì ma? Jīntiān de diànshì jiémù hěn hǎokàn.
3)你看电视吗？今天的电视节目很好看。

Tā bù xǐhuan kàn diànshì, yě bù xǐhuan kàn diànyǐng, tā de àihào shì yùndòng.
4)他不喜欢看电视，也不喜欢看电影，他的爱好是运动。

7. Write characters.

看

电

节

目

单元小结

1.某人＋的＋爱好＋是什么？	例句：你的爱好是什么？ 他的爱好是什么？ 哥哥的爱好是什么？
2.某人＋的＋爱好＋是＋宾语	例句：我的爱好是音乐。 他的爱好是电脑游戏。 **Tom**的爱好是打篮球。
3.某人＋会＋动词（＋宾语）＋吗？	例句：他会游泳吗？ 他会打网球吗？ 小海会打篮球吗？
4.某人＋（不）会＋动词（＋宾语）	例句：我会打网球。 小海不会打篮球。 他不会游泳。
5.某人＋（不）是＋宾语	例句：我是网球运动员。 他不是篮球运动员。 哥哥是游泳运动员。
6.某人＋天天＋动词（＋宾语）	例句：他天天游泳。 我天天看电视。 爸爸天天打篮球。
7.某物＋好看＋吗？	例句：今天的电视节目好看吗？ 电影好看吗？
8.某物＋很＋好看	例句：电视节目很好看。 这个电影很好看。
9.某物＋不＋好看	例句：今天的电视节目不好看。 这个电影不好看。

Unit Eight Transport and Travel
第八单元 交通和旅游

第二十二课 这是火车站

Wǒ zài huǒ chē zhàn,
我在火车站，
nǐ zài nǎr?
你在哪儿？

New Words

1. huǒchē 火车 **train**
2. huǒchēzhàn 火车站 **railway station**
3. fēijī 飞机 **plane**
4. fēijīchǎng 飞机场 **airport**
5. diànyǐngyuàn 电影院 **cinema**
6. fàndiàn 饭店 **hotel**
7. Tiān'ānmén Guǎngchǎng 天安门广场 **Tian'anmen Square**

Sentence Patterns

Zhè shì huǒchēzhàn.
1. 这是火车站。

Nà shì fēijīchǎng.
2. 那是飞机场。

Nǐ zài nǎr?
3. 你在哪儿？

Wǒ zài Tiān'ānmén Guǎngchǎng.
4. 我在天安门广场。

1. Number the words according to the tape.

fàndiàn 饭店	Tiān'ānmén Guǎngchǎng 天安门广场	diànyǐngyuàn 电影院	fēijī 飞机
huǒchē 火车	fēijīchǎng 飞机场	xuéxiào 学校	huǒchēzhàn 火车站
			1

2. Read aloud.

huǒchē 火车　huǒ chē zhàn 火车站

fēijī 飞机　fēijīchǎng 飞机场

diànyǐngyuàn 电影院　fàndiàn 饭店　Tiān'ānmén Guǎngchǎng 天安门广场

Zhè shì huǒchēzhàn, nà shì fēijīchǎng.
这是火车站，那是飞机场。

Zhè shì diànyǐngyuàn, nà shì fàndiàn.
这是电影院，那是饭店。

3. Tick the right place you hear on the tape.

A:

Lìli zài
丽丽在……

Bàba zài
爸爸在……

B:

Xiǎohǎi hé zài
小海和 Tom 在……

C:

Xiǎohǎi hé qù
小海和 Tom 去……

4. Complete the dialogues according to the pictures below.

Zhè shì huǒchēzhàn, nà shì fēijīchǎng, nǐ qù nǎr?
这是火车站，那是飞机场，你去哪儿？

Wǒ qù huǒchēzhàn.
我去火车站。

Zhè shì túshūguǎn, nà shì yùndòngchǎng, nǐ qù nǎr?
这是图书馆，那是运动场，你去哪儿？

Wǒ qù yùndòngchǎng.
我去运动场。

Zhè shì nà shì
这是______，那是______，
nǐ qù nǎr?
你去哪儿？

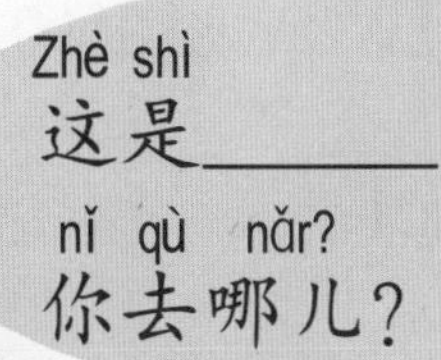

Wǒ qù
我去__________。

5. Make dialogues according to the pictures below.

Wǒ zài Běijing,
我在北京，
nǐ zài nǎr?
你在哪儿？
Wǒ zài shàng
我在上海。

Wǒ zài fēijīchǎng,
我在飞机场，
nǐ zài nǎr?
你在哪儿？
Wǒ zài huǒchēzhàn.
我在火车站。

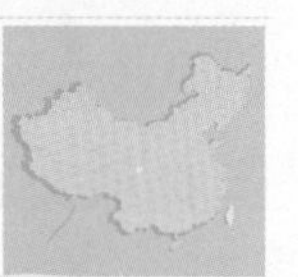

6. Read and match.

1) huǒchēzhàn 火车站	a) railway station
2) fēijī chǎng 飞机场	b) hotel
3) fēijī 飞机	c) Tian'anmen Square
4) diànyǐngyuàn 电影院	d) airport
5) fàndiàn 饭店	e) cinema
6) huǒchē 火车	f) train
7) Tiān'ānmén Guǎngchǎng 天安门广场	g) plane

7. Translation.

Zhè shì diànyǐngyuàn, zài diànyǐngyuàn.
1) 这是电影院，Tom 在电影院。

Nà shì Tiān'ānmén Guǎngchǎng, wǒmen qù Tiān'ānmén Guǎngchǎng.
2) 那是天安门广场，我们去天安门广场。

Zhè shì huǒchēzhàn, wǒ zài huǒchēzhàn.
3) 这是火车站，我在火车站。

Nà shì fēijīchǎng, Lìli qù fēijīchǎng.
4) 那是飞机场，丽丽去飞机场。

8. Write characters.

火

车

飞

店

9. Pronunciation practice.

Chūnxiǎo
春晓

Chūnmián bù jué xiǎo,
春眠不觉晓，
chù chù wén tí niǎo.
处处闻啼鸟。
Yè lái fēng yǔ shēng,
夜来风雨声，
huā luò zhī duōshǎo?
花落知多少？

Spring Mornings

This morning of spring in bed I am lying.
Not to awake till birds are crying.
After one night of wind and showers,
how many are the fallen flowers!

第二十三课 我坐飞机去

New Words

1. 怎么 (zěnme) **how**	2. 坐 (zuò) **go by, sit**
3. 汽车 (qìchē) **bus**	4. 汽车站 (qìchēzhàn) **bus station**
5. 开车 (kāi chē) **drive**	6. 加拿大 (Jiānádà) **Canada**
7. 澳大利亚 (Àodàlìyà) **Austrilia**	8. 广州 (Guǎngzhōu) **Guangzhou**

Sentence Patterns

Nǐ zěnme qù Shànghǎi?
1.你怎么去上海？

Wǒ zuò fēijī qù.
2.我坐飞机去。

Gēge kāi chē qù Jiānádà.
3.哥哥开车去加拿大。

Jiějie xiǎng zuò huǒchē qù Guǎngzhōu.
4.姐姐想坐火车去广州。

1. Number the words according to the tape.

qìchē 汽车	fēijī 飞机	huǒchē 火车	zěnme 怎么	kāi chē 开车
		①		
Jiānádà 加拿大	Guǎngzhōu 广州	Shànghǎi 上海	Àodàlìyà 澳大利亚	qìchēzhàn 汽车站

2. Read aloud.

qù Běijīng 去北京　qù Guǎngzhōu 去广州　qù Jiānádà 去加拿大　qù Xiānggǎng 去香港

zuò fēijī 坐飞机　zuò huǒchē 坐火车　zuò qìchē 坐汽车　kāi chē 开车

Zěnme qù Àodàlìyà?
怎么去澳大利亚？

Zuò fēijī qù Àodàlìyà.
坐飞机去澳大利亚。

Zěnme qù Shànghǎi?
怎么去上海？

Zuò huǒchē qù Shànghǎi.
坐火车去上海。

Zěnme qù Guǎngzhōu?
怎么去广州？

Zuò qìchē qù Guǎngzhōu.
坐汽车去广州。

Zěnme qù Jiānádà?
怎么去加拿大？

Kāi chē qù Jiānádà.
开车去加拿大。

Bàba zuò fēijī qù Guǎngzhōu, māma zuò huǒchē qù Shànghǎi.
爸爸坐飞机去广州，妈妈坐火车去上海。
Gēge kāi chē qù Běijīng, jiějie zuò qìchē qù Guǎngzhōu.
哥哥开车去北京，姐姐坐汽车去广州。

3. Listen to the tape and match the people with the pictures.

bàba 爸爸	māma 妈妈	gēge 哥哥	jiějie 姐姐

4. Complete the dialogues according to the pictures below.

Nǐ zěnme qù Shànghǎi?
你怎么去上海？

Wǒ zuò huǒchē qù.
我坐火车去。

Nǐ zěnme qù Guǎngzhōu?
你怎么去广州？

Wǒ kāi chē qù.
我开车去。

Nǐ zěnme qù
你怎么去 ？

Wǒ
我  。

Nǐ zěnme qù
你怎么去 ？

Wǒ zuò qù.
我坐 去。

5. Make dialogues according to the pictures below.

Nǐ zěnme qù
A: 你怎么去____?

Wǒ ... qù.
B: 我____    去。

6. Read and match.

1) qù Běijīng 去北京
2) qù Shànghǎi 去上海
3) qù Guǎngzhōu 去广州
4) zuò fēijī 坐飞机
5) zuò huǒchē 坐火车
6) zuò qìchē 坐汽车
7) kāi chē 开车

a) to drive
b) go to Beijing
c) go to Shanghai
d) by bus
e) by train
f) by plane
g) go to Guangzhou

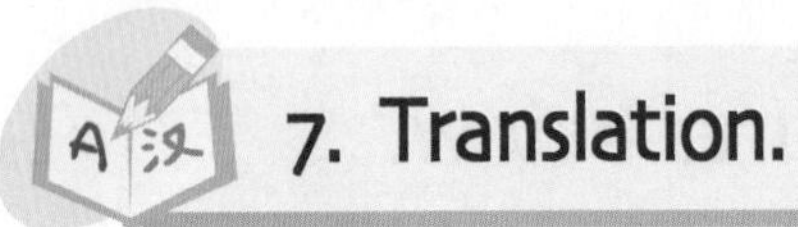

7. Translation.

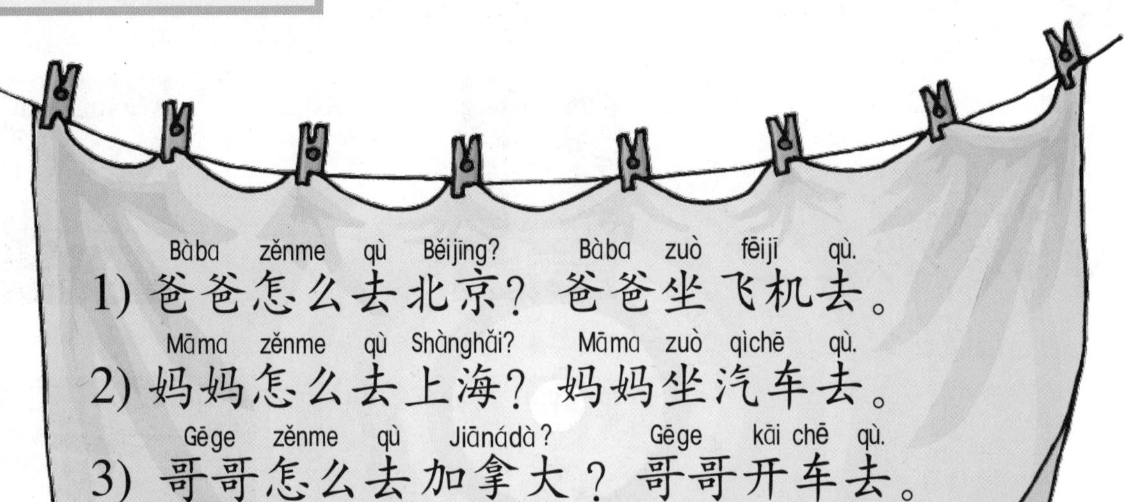

1) 爸爸怎么去北京？爸爸坐飞机去。
Bàba zěnme qù Běijīng? Bàba zuò fēijī qù.

2) 妈妈怎么去上海？妈妈坐汽车去。
Māma zěnme qù Shànghǎi? Māma zuò qìchē qù.

3) 哥哥怎么去加拿大？哥哥开车去。
Gēge zěnme qù Jiānádà? Gēge kāi chē qù.

4) 姐姐怎么去广州？姐姐想坐火车去。
Jiějie zěnme qù Guǎngzhōu? Jiějie xiǎng zuò huǒchē qù.

8. Write characters.

坐

开

怎

广

第二十四课 汽车站在前边

Qǐngwèn, qìchēzhàn zài nǎr?
请问，汽车站在哪儿？

Qìchēzhàn zài qiánbian, wǎng qián zǒu.
汽车站在前边，往前走。

New Words

1. 请问 (qǐngwèn) **excuse me**	2. 旁边 (pángbiān) **side**
3. 前(边) (qiánbian) **front**	4. 后(边) (hòubian) **back**
5. 左(边) (zuǒbian) **left**	6. 右(边) (yòubian) **right**
7. 往 (wǎng) **to, toward**	8. 走 (zǒu) **go, walk**

Sentence Patterns

1. Qǐngwèn, qìchēzhàn zài nǎr?
请问，汽车站在哪儿？

2. Qìchēzhàn zài qiánbian.
汽车站在前边。

3. Wǎng qián zǒu.
往前走。

4. Fēijīchǎng zài zuǒbian ma?
飞机场在左边吗？

1. Number the words according to the tape.

zuǒ 左	yòu 右	qiánbian 前边	hòu 后	pángbiān 旁边
qián 前	yòubian 右边	zuǒbian 左边	hòubian 后边	wǎng 往
		①		

2. Read aloud.

zuǒbian 左边　yòubian 右边　qiánbian 前边　hòubian 后边　pángbiān 旁边

wǎng qián zǒu 往前走　wǎng zuǒ zǒu 往左走　wǎng yòu zǒu 往右走

Qìchē zhàn zài qiánbian. 汽车站在前边。

Huǒchēzhàn zài hòubian. 火车站在后边。

Fēijīchǎng zài pángbiān. 飞机场在旁边。

3. Listen to the tape and match the pictures with the words.

4. Read the dialogues.

Qǐngwèn, Tiān'ānmén Guǎngchǎng zài nǎr?
请问，天安门广场在哪儿？

Zài qiánbian, wǎng qián zǒu.
在前边，往前走。

Qǐngwèn, huǒchēzhàn zài nǎr?
请问，火车站在哪儿？

Qǐngwèn, fēijīchǎng zài nǎr?
请问，飞机场在哪儿？

Zài yòubian, wǎng yòu zǒu.
在右边，往右走。

Zài zuǒbian, wǎng zuǒ zǒu.
在左边，往左走。

Qǐngwèn qìchēzhàn zài nǎr?
请问，汽车站在哪儿？

Zài pángbiān.
在旁边。

5. Complete the dialogues according to the pictures below.

Qǐngwèn, zài nǎr?
请问，____在哪儿？

Zài wǎng zǒu.
在____，往____走。

6. Read and match.

1. qǐngwèn 请问	2. qián 前	3. hòu 后	4. zuǒ 左	5. yòu 右	6. pángbiān 旁边	7. wǎng 往	8. zǒu 走
a) side	b) go	c) left	d) front	e) right	f) excuse me	g) toward	h) back

7. Translation.

Wǒmen qù qìchēzhàn, qìchēzhàn zài qiánbian.
1)我们去汽车站，汽车站在前边。

Tā qù huǒchēzhàn, huǒchēzhàn zài hòubian.
2)他去火车站，火车站在后边。

Bàba qù fēijīchǎng, tā zuò fēijī qù Shànghǎi.
3)爸爸去飞机场，他坐飞机去上海。

Fēijīchǎng zài zuǒbian ma? Fēijīchǎng zài zuǒbian.
4)飞机场在左边吗？飞机场在左边。

8. Write characters.

前

后

左

右

单元小结

1.这/那＋是＋某处所	例句：这是火车站。 那是飞机场。 这是图书馆。
2.某人＋在＋哪儿？	例句：你在哪儿？ 老师在哪儿？
3.某人＋在＋某处所	例句：我在飞机场。 爸爸在火车站。 老师在图书馆。
4.某人＋怎么＋去＋某地？	例句：你怎么去上海？ 哥哥怎么去香港？ 他怎么去北京？
5.某人＋坐＋某种交通工具＋去（某地）	例句：我坐飞机去。 妈妈坐汽车去上海。 哥哥坐火车去香港。
6.请问，某处所＋在＋哪儿？	例句：请问，汽车站在哪儿？ 请问，体育馆在哪儿？ 请问，飞机场在哪儿？
7.某处所＋在＋某方位＋吗？	例句：汽车站在前边吗？ 飞机场在左边吗？ 运动场在右边吗？
8.某处所＋在＋某方位	例句：汽车站在前边。 图书馆在后边。
9.往＋某方位＋走	例句：往前走。 往左走。

词语表

词语	拼音	英文	课数
A			
爱好	àihào	hobby, interest	19
澳大利亚	Àodàlìyà	Australia	23
B			
八	bā	eight	6
吧	ba	(a modal particle)	18
爸爸	bàba	father	4
班	bān	class	11
半	bàn	half	13
北京	Běijīng	Beijing	3
不	bù	no, not	4
C			
菜	cài	vegetable	9
茶	chá	tea	8
吃	chī	eat	7
厨房	chúfáng	kitchen	6
D			
打	dǎ	to play	20
大	dà	big, large	6
的	de	(a structural particle)	14
点	diǎn	o'clock	13
电脑	diànnǎo	computer	19
电脑游戏	diànnǎo yóuxì	computer games	19
电视	diànshì	TV	21
电影	diànyǐng	film, movie	21
电影院	diànyǐngyuàn	cinema	22
E			
二	èr	two	5
二十	èrshí	twenty	11
二十一	èrshíyī	twenty-one	11
F			
法文	Fǎwén	French	10
饭店	fàndiàn	hotel	22
房间	fángjiān	room	6
房子	fángzi	house	6
飞机	fēijī	plane	22
飞机场	fēijīchǎng	airport	22

G

哥哥	gēge	elder brother	4
个	gè	(a measure word)	6
工厂	gōngchǎng	factory	17
工程师	gōngchéngshī	engineer	16
工人	gōngrén	worker	16
工作	gōngzuò	to work	17
狗	gǒu	dog	5
广州	Guǎngzhōu	Guangzhou	23
国	guó	nation, country	2
果汁	guǒzhī	juice	8

H

海鲜	hǎixiān	seafood	9
好	hǎo	good, fine	1
好看	hǎokàn	nice, fine	21
号	hào	date	14
喝	hē	drink	7
很	hěn	very	1
后（边）	hòu(bian)	back	24
护士	hùshi	nurse	17
画家	huàjiā	artist	16
会	huì	can, be able to	20
火车	huǒchē	train	22
火车站	huǒchēzhàn	train station	22

J

鸡蛋	jīdàn	eggs	7
几	jǐ	how many	13
家	jiā	home	3
加拿大	Jiānádà	Canada	23
叫	jiào	to call,to be called	2
教师	jiàoshī	teacher	16
教室	jiàoshì	classroom	12
节目	jiémù	programme	21
姐姐	jiějie	elder sister	4
今天	jīntiān	today	15
九	jiǔ	nine	6

K

咖啡	kāfēi	coffee	7
开车	kāi chē	drive	23
看	kàn	to look, to watch, to see	21
科学家	kēxuéjiā	scientist	18
课	kè	class, lesson	10

L

篮球	lánqiú	basketball	20
冷	lěng	cold	15
礼堂	lǐtáng	assembly hall	12
两	liǎng	two	5
六	liù	six	5

M

妈妈	māma	mother	4
吗	ma	(a question particle)	1
猫	māo	cat	5
没有	méi yǒu	have no	10
美国	Měiguó	U.S.A	2
米饭	mǐfàn	cooked rice	9
面包	miànbāo	bread	7
面条	miàntiáo	noodles	9

N

哪	nǎ	which	2
哪儿	nǎr	where	3
那	nà	that	4
男	nán	male	11
呢	ne	(a modal particle)	8
你	nǐ	you	1
你的	nǐ de	your	14
您	nín	you	18
牛奶	niúnǎi	milk	7
牛肉	niúròu	beef	9
女	nǚ	female	11

P

旁边	pángbiān	side	24
苹果	píngguǒ	apple	8

Q

七	qī	seven	6
汽车	qìchē	bus	23
汽车站	qìchēzhàn	bus station	23
汽水	qìshuǐ	soft drinks	8
前（边）	qián(bian)	front	24
请问	qǐngwèn	excuse me	24
去	qù	to go	12

R

热	rè	hot	15
人	rén	people ,person	2

S

三	sān	three	5

商店	shāngdiàn	store, shop	17
商人	shāngrén	businessman	16
上海	Shànghǎi	Shanghai	3
上网	shàngwǎng	to be online	19
什么	shénme	what	2
生日	shēngri	birthday	14
十	shí	ten	6
十一	shíyī	eleven	11
是	shì	to be	2
售货员	shòuhuòyuán	salesman, assistant	17
水果	shuǐguǒ	fruit	8
司机	sījī	driver, chauffeur	17
四	sì	four	5
岁	suì	year of (age)	14

T

他	tā	he, him	3
他的	tā de	his	19
体育	tǐyù	P.E.	10
体育馆	tǐyùguǎn	gym	12
天安门广场	Tiān'anmén Guǎngchǎng	Tian'anmen Square	22
天天	tiāntiān	everyday	21
图书馆	túshūguǎn	library	12

W

网球	wǎngqiú	tennis	20
往	wǎng	to, toward	24
我	wǒ	I, me	1
我的	wǒ de	my	14
我们	wǒmen	we	11
我们的	wǒmen de	our	19
五	wǔ	five	5

X

喜欢	xǐhuan	like	9
现在	xiànzài	now	13
香港	Xiānggǎng	HongKong	3
想	xiǎng	want to	18
小	xiǎo	small	5
校长	xiàozhǎng	headmaster, principal	17
星期	xīngqī	week	10
学生	xuésheng	student	11

Y

演员	yǎnyuán	actor, actress	18
要	yào	want, need	8
也	yě	also, too	9
一	yī	one	5

医生	yīshēng	doctor	16
医院	yīyuàn	hospital	17
音乐	yīnyuè	music	19
英国	Yīngguó	UK	2
英文	Yīngwén	English	10
游戏	yóuxì	game	19
游泳	yóuyǒng	swim, swimming	20
有	yǒu	to have	5
右（边）	yòu(bian)	right	24
鱼	yú	fish	9
月	yuè	month	14
运动	yùndòng	sports, athletics	19
运动场	yùndòngchǎng	sports ground	12
运动员	yùndòngyuán	sportsman, athlete	20

Z

在	zài	in, at, on	3
早上	zǎoshang	morning	7
怎么	zěnme	how	23
这	zhè	this	4
只	zhī	(a measure word)	5
中国	Zhōngguó	China	2
中文	Zhōngwén	Chinese	10
走	zǒu	go, walk	24
昨天	zuótiān	yesterday	15
左（边）	zuǒ(bian)	left	24
作家	zuòjiā	author, writer	18
坐	zuò	go by, sit	23
做	zuò	to be, to become, to do	18